危险货物道路运输培训丛书

危险货物道路运输企业
安全生产管理制度编写指南及范本

严 季 沈小燕 ◎ 主编

人民交通出版社股份有限公司
China Communications Press Co.,Ltd.

内 容 提 要

本书是危险货物道路运输培训丛书之一,依据交通运输部发布的《危险货物道路运输企业安全生产管理制度编写要求》(JT/T 912—2014)编写而成,从企业需求出发,进一步细化危险货物道路运输企业各项安全生产管理制度内容,明确制度编写流程,介绍安全生产作业规程,同时给出了适用于不同规模企业的安全生产管理制度范本。

本书用于指导危险货物道路运输企业编制安全生产管理制度。

图书在版编目(CIP)数据

危险货物道路运输企业安全生产管理制度编写指南及范本/严季,沈小燕主编. — 北京:人民交通出版社股份有限公司,2016.8
ISBN 978-7-114-13237-7

Ⅰ.①危… Ⅱ.①严…②沈… Ⅲ.①公路运输企业--危险货物运输-交通运输安全-安全管理 Ⅳ.①F512.6②U492.8

中国版本图书馆 CIP 数据核字(2016)第 179997 号

Weixian Huowu Daolu Yunshu Qiye Anquan Shengchan Guanli Zhidu Bianxie Zhinan ji Fanben

书　　名:	危险货物道路运输企业安全生产管理制度编写指南及范本
著 作 者:	严　季　沈小燕
责任编辑:	董　倩
出版发行:	人民交通出版社股份有限公司
地　　址:	(100011)北京市朝阳区安定门外外馆斜街 3 号
网　　址:	http://www.ccpress.com.cn
销售电话:	(010)59757973
总 经 销:	人民交通出版社股份有限公司发行部
经　　销:	各地新华书店
印　　刷:	北京鑫正大印刷有限公司
开　　本:	787×1092　1/16
印　　张:	12.5
字　　数:	263 千
版　　次:	2016 年 8 月　第 1 版
印　　次:	2016 年 8 月　第 1 次印刷
书　　号:	ISBN 978-7-114-13237-7
定　　价:	45.00 元

(有印刷、装订质量问题的图书由本公司负责调换)

前言 PREFACE

2014年6月27日,交通运输部发布了《关于发布〈危险货物道路运输企业运输事故应急预案编制要求〉等32项交通行业标准和部门计量检定规程的公告》(中华人民共和国交通运输部公告第31号),其中颁布了《危险货物道路运输企业安全生产管理制度编写要求》(JT/T 912—2014)等四个危险货物道路运输行业标准,自2014年11月1日起实施。

自标准实施以来,交通运输部委托部管理干部学院在全国范围内组织了多次标准宣贯,部分省运输管理局也积极组织标准宣贯,为了配合好这四个标准的宣贯工作,我们编写出版了《新颁危险货物道路运输企业安全管理标准(JT/T 911~914—2014)释义》(以下简称《释义》)。宣贯工作以及《释义》的指导作用,在业内得到了高度重视和好评,普遍认为这四个标准对切实提升危险货物道路运输企业安全管理水平具有重要作用,能够提高企业执行《中华人民共和国安全生产法》、落实企业主体责任的能力,从而改善企业普遍存在的"安全管理工作喊口号、制度挂墙上、工作无抓手"的现状。

但是,在宣贯过程中,仍有部分企业反映,目前根据其自身实际,编制切实有效的安全生产管理制度,还存在缺乏经验,难度较大的问题,希望我们能够编写出版更有操作性、更具体细化的编制指南,指导其更好地编制安全生产管理制度。因此,为将危险货物道路运输企业安全生产的各项预防工作做到实处,把事故风险控制在最小范围内,解决企业"不会编制、敷衍了事、操作性差、束之高阁"等问题,本书从企业需求出发,依据有关国家法律、规章和国家标准、行业标准,尤其是2016年4月最新修订的《道路危险货物运输管理规定》(交通运输部令2016年第36号)和《危险货物道路运输企业安全生产管理制度编写要求》(JT/T 912—2014),结合我国危险货物道路运输企业安全管理现状,进一步细化企业安全生产管理制度内涵和本企业内部机构的相互关系,明确安全生产管理制度的编制基本流程;同时,考虑危险货物道路运输企业的规模差异,给出了适用不同规模企业的安全生产管理制度范本(见附录)。需要说明的是,危险货物道路运输企业在编制安全管理制度时,可参考范本,但必须紧密结合本企业自身实际进行编写,切勿照搬照抄。

本书是指导危险货物道路运输企业学习,执行《中华人民共和国安全生产法》,编制安全生产管理制度,落实企业主体责任,保障企业安全生产,指导实际工作的重要工具书。

本书由严季、沈小燕担任主编,沈民、杨开贵担任副主编。参编人员有赵国统、张彪、侯喜胜、田洪庆、黄昌伟、秦树甲、李川、常连玉、李连升、汪泽罡、李杨、晏远春、徐刚、刘辉、李發、程国华。

在本书编写过程中,得到了振华物流集团有限公司、北京普莱克斯实用气体有限公司、新奥能源物流集团等单位的大力支持及帮助,在此,一并表示感谢!

由于作者水平有限,书中难免有不妥之处,敬请有关专家、学者和从事危险货物道路运输的工作人员批评指正,以便修订完善。

编 者

2016 年 6 月

目录 CONTENTS

第一章　概述 ··· 1
　第一节　建立危险货物道路运输企业安全生产管理制度的必要性 ······················ 3
　第二节　制定危险货物道路运输企业安全生产管理制度的法规要求 ·················· 6
　第三节　制定危险货物道路运输企业安全生产管理制度的标准要求 ·················· 8
　第四节　编写危险货物道路运输企业安全生产管理制度的基本流程 ·················· 9
第二章　我国危险货物道路运输企业安全管理现状 ·· 13
　第一节　我国危险货物道路运输行业概况 ·· 15
　第二节　我国危险货物道路运输企业安全管理现状 ·· 20
　第三节　我国危险货物道路运输企业安全管理存在的主要问题 ······················· 25
第三章　危险货物道路运输企业安全生产监督管理制度 ··· 29
　第一节　适用范围和实施主体 ·· 31
　第二节　安全生产监督检查的内容、方法和时间 ··· 31
　第三节　隐患的处理程序和档案要求 ··· 41
第四章　危险货物道路运输企业安全生产教育培训和从业人员管理制度 ················· 45
　第一节　安全生产教育培训制度 ·· 47
　第二节　从业人员安全管理制度 ·· 55
第五章　危险货物道路运输企业车辆设备管理制度 ·· 65
　第一节　专用车辆安全管理制度 ·· 67
　第二节　安全设施设备(停车场)管理制度 ·· 90
　第三节　车辆卫星定位监控系统管理制度 ·· 95
第六章　危险货物道路运输企业安全生产会议、考核奖惩、事故报告制度 ············ 101
　第一节　安全生产会议制度 ·· 103
　第二节　安全生产考核与奖惩制度 ··· 105
　第三节　安全事故报告、统计与处理制度 ·· 113
第七章　危险货物道路运输企业安全生产作业规程 ·· 125
　第一节　通用要求 ·· 127
　第二节　危险货物分类运输、装卸要求 ·· 131
附录 ·· 147
　附录一　××××公司安全生产监督检查制度 ·· 149

附录二	××××公司道路交通事故奖惩管理规定 ……………………	152
附录三	××××公司驾驶人员安全操行考核与奖惩积分管理办法 ………	156
附录四	××××外资公司驾驶人员奖惩管理规定 ………………………	161
附录五	××××公司安全生产会议管理制度 ……………………………	167
附录六	××××公司安全培训教育管理制度 ……………………………	169
附录七	××××公司关于安全管理人员、驾驶人员和押运人员聘用的管理规定 …	175
附录八	××××公司产品车行驶安全规定 ………………………………	178
附录九	××××公司安全事故管理规定 …………………………………	180
附录十	××××公司安全设施管理制度 …………………………………	187
附录十一	××××公司GPS卫星定位监控系统管理办法………………	190

第一章 概述

本章主要介绍危险货物道路运输企业安全生产管理制度建立的必要性、制定的相关法律和标准要求,同时给出了编写的基本流程。

第一章 概述

第一节 建立危险货物道路运输企业安全生产管理制度的必要性

一、安全生产管理的基本内容

安全生产管理就是生产经营单位负责人、生产管理人员和全体员工,为实现安全生产目标,按照一定的安全管理原则,通过科学组织、指挥和协调而进行的保障安全生产的活动。要实现企业的安全生产管理,相关人员需要学习和掌握安全生产管理的原理、方法、手段及科学技术等技术防范知识,需要熟悉和研究企业生产的全过程,辨识各个环节的安全风险,进行必要的投入并采取积极的预防措施。

1. 安全生产方针

我国的安全生产方针是"安全第一、预防为主、综合治理"。

(1)"安全第一"就是在生产劳动过程中,把劳动、安全、卫生工作,特别是劳动者的生命安全与健康放在首位,并将其作为生产劳动顺利进行的前提和保证。保护广大员工的生命安全与健康,是企业的责任和任务,也是保障生产顺利进行,实现企业可持续发展和经济效益的基本条件。

(2)"预防为主"就是要求我们在生产工作中时刻注意预防安全事故。古人说:"防患于未然""凡事预则立,不预则废"。预防是实现安全生产、劳动保护的基础。预防为主就是变事后处理为事前预防,从立法执法、规章制度、组织管理、教育培训、技术、设备等方面,采取各种有效措施,发现和治理事故隐患,防止因生产经营活动中存在的物的不安全状态、人的不安全行为以及管理缺陷而导致事故的发生。

(3)"综合治理"就是要自觉遵守安全生产规律,正视安全生产工作的长期性、艰巨性和复杂性。危险货物道路运输行业是一个极易发生事故的行业,抓住安全生产工作中的关键环节,综合运用经济、法律、行政等手段,人管、法治、技术防范多管齐下,才能有效解决安全生产中的问题。综合施治、综合防范、综合治理是落实安全生产方针政策、法律法规的最有效手段,具有鲜明的时代特征和很强的针对性,体现了安全生产方针的新发展。

在现实的生产活动中,客观上存在着各种不安全因素,既有人的不安全行为,也有物的不安全状态,只有设法预先消除这些不安全因素,才能最大限度地实现安全生产。

2. 安全生产管理体制

我国安全生产管理工作实行"企业负责、行业管理、国家监察、群众监督和劳动者遵章守纪"的安全生产管理体制。这是我国市场经济体制的客观要求,也是市场经济国家的普遍做法。将"企业负责"放在安全生产管理体制的第一条,也表明企业在安全生产中的重要地位。该体制具体要求见表1-1。

我国安全生产管理体制的基本内涵　　　　　　　表1-1

原则	具体含义
企业负责	企业在其经营活动中必须对本企业安全生产负全面责任,企业法定代表人应是安全生产的第一责任人
行业管理	主要体现在行业主管部门根据国家有关方针政策、法规和标准,对行业的安全工作进行管理和监督检查,通过计划、组织、协调、指导和监督检查,加强对行业所属企业以及归口管理企业安全工作的管理
国家监察	是国家授权有关政府部门代表国家根据国家法规对安全生产工作进行监察,具有相对的独立性、公正性和权威性
群众监督	是危险货物道路运输安全管理工作不可缺少的重要环节,有各级工会、社会团体、民主党派、新闻单位等共同对安全生产起监督作用,同时是保障危险货物道路运输承运、托运双方合法权益,搞好危险货物道路运输安全生产的重要保证
劳动者遵章守纪	是安全工作的基础、不可缺少的部分。驾驶人员是危险货物道路运输安全的第一责任人,道路运输点多、面广、线长,一辆车就是一个独立的生产单元,每一位危险货物道路运输从业人员必须按照国家、行业及企业规章制度进行作业和生产经营。 劳动者自律是推动安全生产发展,落实"安全第一、预防为主"的关键

二、安全生产管理制度的建立意义

安全生产管理制度是指生产经营单位依据有关法律法规、国家和行业标准,结合本单位的生产经营范围、作业危险程度、工作性质及其具体工作内容,以生产经营单位名义颁发的有关安全生产的规范性文件,具有针对性、可操作性等特点。危险货物道路运输企业的安全生产管理制度主要包括两个方面的内容,一是安全生产管理方面的规章制度,二是安全技术方面的规章制度。安全生产操作规程是指在生产活动中,为消除能导致人身伤亡或造成设备、财产破坏以及危害环境的因素而制定的具体技术要求和实施程序的统一规定。安全生产管理制度和安全生产操作规程,是保证生产经营活动安全进行的制度保障,从业人员在进行作业时必须严格执行。

1. 建立健全安全生产管理制度是企业安全生产的重要保障

企业生产经营是为了追求利润,但在追求利润的过程中,若不能有效防范安全风险,企业的生产经营秩序就难以得到保障,甚至还会引发社会灾难。因此,危险货物道路运输企业需要分析其运输作业过程、车辆设备、人员操作,制定出一系列的操作规程和安全控制措施,以保障生产经营工作合法、有序、安全,将安全风险降到最低。在长期的生产经营活动中,企业积累了大量的安全风险防范对策措施,而这些措施只有形成规章制度,才能得到有效地落实。

2. 建立健全安全规章制度是企业保护从业人员安全与健康的重要手段

我国相关法律法规明确规定,生产经营单位必须采取切实可行的措施,保障从业人员的安全与健康。而企业安全生产管理制度,能够避免企业安全管理的随意性,使从业人员进一步明确自己的权利和义务,从而有效地保障从业人员的合法权益;同时,还能为从业人员在生产、经营过程中遵章守纪提供明确的标准和依据。

显然,安全生产管理制度能提升危险货物道路运输企业的安全水平,有效杜绝事故尤其是重特大事故的发生。但达到上述目的需要有一个基本前提,即制定的安全生产管理制度是科学可行的,并能在企业的各项生产作业过程中得到执行。实际调研结果显示,目前我国的危险货物道路运输企业虽然基本上都制定了多种安全生产管理制度,但制度存在不完善、不科学的地方,致使很多企业的从业人员在操作过程中无章可循,出现经常性的违章行为,导致各类事故的发生。

三、安全生产管理制度的基本框架

安全生产管理主要是控制风险。安全生产管理制度可以依据风险制定,其步骤如下:

(1)考虑存在什么风险,需要从哪些方面控制风险。
(2)考虑各个环节之间的关系,也就是流程。
(3)考虑每个环节实现的具体要求。
(4)考虑法律法规的要求,将法律法规的条款转化为制度的内容。
(5)考虑制度中需要被追溯的内容,要设置相应的记录管理制度。

安全生产管理制度需要结合实际执行情况和相应法律法规及技术手段的更新来完善。企业在建立健全安全生产管理制度时,需要采用"策划、实施、检查、改进"的动态循环模式,结合企业自身特点,建立并保持安全生产规范标准化系统;通过自我检查、自我纠正和自我完善,建立安全绩效持续改进的安全生产长效机制。

在《危险货物道路运输企业安全生产管理制度编写要求》(JT/T 912—2014)中,明确了各项安全生产管理制度应包括以下关键内容:

(1)适用范围,指这项安全生产管理制度适用的部门、岗位及人员的类别。只有详细明确需遵守该安全生产管理制度的对象,才能确保制度的制定和落实具有针对性。

(2)实施主体与职责分工,指这项安全生产管理制度由哪个部门或机构以及哪些人员来实施,在执行该项管理制度中,其职责范围和权限包括哪些。具体的职责分工需要依据安全生产责任制中的分工来编制。

(3)制度主要内容,这部分内容是一项制度是否可执行的关键。制定的内容既要与现有的安全生产法律法规及标准的要求相一致,也要结合企业自身管理特点和人员特性来细化,具体可参见本章第三节、第四节内容。

(4)档案或台账,指各类企业在安全生产管理过程中直接形成的,具有保存价值的文字、图表、声像、电子等不同形式和载体的真实的历史记录。要求真实记录企业安全生产管理活动的全过程,反映企业(单位)各项安全生产管理制度整体落实情况。它对企业安全生产管理活动具有指导调控作用,还能为企业科学应对与处置安全生产问题提供真实可靠的依据和凭证。

加强"安全生产管理台账"管理不仅可以反映企业安全生产的真实过程和安全管理的实绩,而且为解决安全生产中存在的问题,强化安全控制、完善安全制度提供了重要依据,是规范安全管理、夯实安全基础的重要手段。同时,企业和行业管理部门在对企业安全生产管理落实情况进行评估和考核时,也需要依据安全生产管理台账或档案所记录的企业动态管理过程来做出相应判断。因此,安全生产管理台账不是可有可无的,而是一个企业整体管理水平和管理人员综合素质的体现。

第二节 制定危险货物道路运输企业安全生产管理制度的法规要求

危险货物道路运输企业是安全生产的高危行业之一,安全管理是其企业管理的重要组成部分,必须按照法律、规章要求,结合本企业具体情况,做好安全生产的计划、组织、指挥、控制、协调等各项管理工作,建立健全安全生产管理机制,完善安全生产条件,改善危险货物运输条件,确保安全生产。

据统计,危险货物道路运输事故中约80%是由企业管理不善所致,因此,危险货物道路运输企业的安全管理水平直接决定了危险货物道路运输的生产安全。同时,安全生产管理的有效实施依赖于完善且可执行的安全生产管理制度体系来实现。为此,国家高度重视危险货物道路运输安全,出台了一系列法律、法规、部门规章及标准,规范、强化建立健全危险货物道路运输企业安全生产管理制度的要求,包括《中华人民共和国安全生产法》(以下简称《安全生产法》)《危险化学品安全管理条例》(国务院令第591号)《道路危险货物运输管理规定》(以下简称《危规》)等,也就是说,建立健全安全生产管理制度是危险货物道路运输企业法定的义务和企业经营管理的必备条件。

《安全生产法》第三十六条规定,运输危险物品,必须执行有关法律、法规和国家标准或者行业标准,建立专门的安全管理制度,采取可靠的安全措施,接受有关主管部门依法实施的监督管理。该规定首先明确了危险货物道路运输企业执行有关法律、法规和国家标准或者行业标准的法定职责,其次是从法律层面要求危险货物道路运输企业建立专门的安全管理制度,其包括安全生产管理制度。

一、《安全生产法》要求

《安全生产法》第四条规定,生产经营单位必须遵守本法和其他有关安全生产的法律、法规,加强安全生产管理,建立健全安全生产责任制和安全生产规章制度,改善安全生产条件,推进安全生产标准化建设,提高安全生产水平,确保安全生产。

第十八条规定,生产经营单位的主要负责人应组织制定本单位安全生产规章制度。制定安全生产规章制度,是加强本单位安全生产管理非常重要的基础性工作,需要强有力的组织保障和推动才能顺利完成。因此,本条规定生产经营单位的主要负责人应当组织制定本单位安全生产规章制度和操作规程。

第三十六条规定,生产经营单位生产、经营、运输、储存、使用危险物品或者处置废弃危险物品,必须执行有关法律、法规和国家标准或行业标准,建立专门的安全管理制度,采取可靠的安全措施,接受有关主管部门依法实施的监督管理(图 1-1),强调了企业要建立专门的安全管理制度。

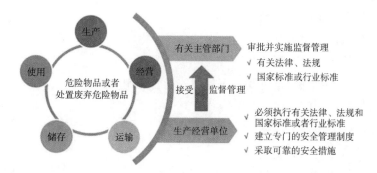

图 1-1　生产经营单位运输危险物品要建立专门的安全管理制度

为了切实落实企业专门的安全管理制度,《安全生产法》特制定了对应的处罚条款。第九十八条规定,生产、经营、运输、储存、使用危险物品或者处置废弃危险物品,未建立专门安全管理制度、未采取可靠的安全措施的,责令限期改正,可以处 10 万元以下的罚款;逾期未改正的,责令停产停业整顿,并处 10 万元以上 20 万元以下的罚款,对其直接负责的主管人员和其他直接责任人员处 2 万元以上 5 万元以下的罚款;构成犯罪的,依照刑法有关规定追究刑事责任。

针对生产经营单位的安全生产管理机构以及安全生产管理人员,《安全生产法》第二十二条要求履行"组织或者参与拟订本单位安全生产规章制度"职责。

《安全生产法》第十条要求,国务院有关部门应当按照保障安全生产的要求,依法及时制定有关的国家标准或者行业标准,并根据科技进步和经济发展适时修订。该条也是交通运输部制定行业标准《危险货物道路运输企业安全生产管理制度编写要求》(JT/T 912—2014)的法律依据。

二、有关条例、部门规章要求

《危险化学品安全管理条例》第四条第三款规定,危险化学品单位应当具备法律、行政法规规定和国家标准、行业标准要求的安全条件,建立健全安全管理规章制度和岗位安全责任制度。

《中华人民共和国道路运输条例》(国务院令第 406 号)(以下简称《道路运输条例》)第二十四条规定,申请从事危险货物运输经营的,还应当符合下列条件:"……(四)有健全的安全生产管理制度。"

值得注意的是,《安全生产法》和《危险化学品安全管理条例》将"安全生产责任制和安全生产规章制度（安全管理制度）"并列提出，而《道路运输条例》仅提出"安全生产管理制度"。由于《道路运输条例》是制定、修订《危规》的主要上位法，故最新修订的《危规》第八条要求将"安全生产责任制度"纳入"安全生产管理制度"。

《危规》第八条第四款要求企业有健全的安全生产管理制度，包括：

（1）企业主要负责人、安全管理部门负责人、专职安全管理人员安全生产责任制度。

（2）从业人员安全生产责任制度。

（3）安全生产监督检查制度。

（4）安全生产教育培训制度。

（5）从业人员、专用车辆、设备及停车场地安全管理制度。

（6）应急救援预案制度。

（7）安全生产作业规程。

（8）安全生产考核与奖惩制度。

（9）安全事故报告、统计与处理制度。

在此，《危规》第十条要求，企业申请从事危险货物道路运输经营时，应当向所在地设区的市级道路运输管理机构提交有关安全生产管理制度文本等材料，说明"安全生产管理制度"是道路运输管理机构许可从事危险货物道路运输经营的条件之一，也是企业依法运输的承诺。

上述国家法律和行业管理部门规章均要求危险货物道路运输企业应当有健全的安全生产管理制度，也就是说，企业建立健全管理制度是法律要求，是危险货物道路运输企业的法定义务，是企业经营管理的必备条件；同时，建立安全生产管理制度也是企业经营的许可条件，也是各级道路运输管理机构对企业进行监督的内容之一。

第三节 制定危险货物道路运输企业安全生产管理制度的标准要求

为进一步完善法律法规、部门规章关于危险货物道路运输企业建立健全安全生产管理制度的规定，交通运输部于2014年12月颁布了《危险货物道路运输企业安全生产管理制度编写要求》（JT/T 912—2014）。该标准的制定和颁布，一方面可为危险货物道路运输企业制定符合安全管理实际的安全生产管理制度提供参考依据，有利于提高企业安全管理水平；另一方面，可为道路运输管理机构在实施企业许可时，提供对安全生产管理制度文本的审核依据，确保企业建立的安全生产管理制度符合法律、部门规章的要求，同时为道路运输管理机构日常监管，以及为第三方机构安全评估提供依据。本书则主要依据《危险货物道路运输企业安全生产管理制度编写要求》（JT/T 912—2014）对企业制定安全生产管理制度的框架性要求，分析和说明各框架内应涵盖和涉及企业安全管理的要素和基本内容。

《危险货物道路运输企业安全生产管理制度编写要求》（JT/T 912—2014）是我国第一个

涉及企业,尤其是危险货物道路运输企业,指导其如何编写安全生产管理制度的行业标准。该标准主要解决以下几个问题:

(1)规定了危险货物道路运输企业安全生产管理制度的编制要求、编制内容、编制步骤、格式及要求。

(2)适用于危险货物道路运输企业安全生产管理制度的编写。使用自备车辆为本单位服务的非经营性危险货物道路运输单位的安全生产管理参照执行,同时也可以供货物运输企业、旅客运输企业参考。

(3)根据危险货物道路运输实际,规定危险货物道路运输企业安全生产管理制度至少应包括下列内容:

①安全生产监督检查制度。
②安全生产教育培训制度。
③从业人员安全管理制度。
④专用车辆安全管理制度。
⑤安全设施设备(停车场)管理制度。
⑥应急救援预案管理制度。
⑦安全生产会议制度。
⑧安全生产考核与奖惩制度。
⑨安全事故报告、统计与处理制度。

具体地讲,安全生产管理制度至少应包括9个具体的制度,这也是危险货物道路运输企业应该建立的基本管理制度,即不管企业拥有5辆车还是100辆车,都需有这些基本管理制度。同时,这9个制度与《危规》第八条第四款要求企业有健全的安全生产管理制度的要求基本一致。

当然,除了上述基本的规章制度外,危险货物道路运输企业,尤其是大型企业,还应根据相关法律法规和企业的实际情况等进行补充和完善,如安全生产投入制度、业务受理与调度制度等。

(4)将9个制度的内容进行了细化,对其基本要素、基本内容提出了要求。

(5)明确了编制步骤以及格式和要求。

第四节 编写危险货物道路运输企业安全生产管理制度的基本流程

安全生产管理制度是保证劳动者的安全和健康、保证企业生产活动顺利进行的基础。通过完善各项制度,保障员工树立"安全第一、预防为主"的思想,正确处理安全与生产的关系,真正做到"不安全不生产"。

一、编写安全生产管理制度的基本原则

(1)与国家的安全生产法规保持协调一致,应有利于国家安全生产法规的贯彻落实。

(2)广泛吸收国内外安全生产管理的经验,并密切结合自身实际情况,力求使之具有先进性、科学性、可行性。

(3)覆盖全面,包括企业安全生产的各个方面,形成体系,不存在死角和漏洞。

(4)规章制度一经制定,就不随意改动,以保持相对的稳定性,但也要注意总结实践经验,不断修订完善。

(5)随着国家政治经济形势的发展变化,企业的经济、技术会不断出现新的情况,产生新的变化,要据此及时地修改、补充,直至制定新的安全生产管理制度,以保持其健全和有效。

编写和修订安全生产管理制度流程设计的原则是根据企业的性质、规模和职责划分等,确定编写和修订的部门、权限以及期限,明确编写和修订过程中各自职责和关键控制点,缩短编写和修订的时间,使各部门、各岗位职责权限明确,从而实施有责、有权、有序、有效的管理。

二、编写安全生产管理制度流程

编写安全生产管理制度的流程见表1-2和表1-3。

编写安全生产管理制度流程　　　　　　表1-2

单位节点	公司安委会 A	主管安全领导 B	安全环保部 C	相关部门 D	项目部 E
1			开始		
2	审批	审查	编制计划		
3			实施计划		
4			调查研究	配合	配合
5			起草制度		
6	审批	审查	形成制度初稿	提出修改意见	
7			形成制度(试行)		
8			试行	试行	试行
9			反馈	反馈	反馈
10	审批	审查	制度修订		
11			形成制度		
12			存档		
13			结束		

第一章 概述

编写安全生产管理制度流程工作程序及职责表

表1-3

任务名称	工作程序	工作重点
制订编写计划	制订编写或修订安全生产管理制度的计划	在整理已有安全制度的基础上,根据安全生产实际工作情况、国家安全法律法规的要求,编写本年度需要建立或修订的安全生产管理制度计划,优先编写根据上级有关安全监管部门近期提出的安全工作指示而制定的管理制度;上报建立或修订制度的列表清单,确定编写时限、人员、经费投入和成果等文件
	审查上报计划	审查上报计划的合理性、可行性,提出审查意见
	审批上报计划	作出审批决定,批准合理可行的编写计划,驳回存在问题的计划,进行修改
	形成正式编写计划	形成正式的编写或修订计划并制定实施细则
起草制度	开展调查研究	根据需要编写的安全生产管理制度,了解本单位在这方面的安全生产工作现状,必要时组织有关专家和工作人员对有关部门、项目部开展调研工作
	配合调研工作	配合调研工作,介绍相关情况,提供调研组需要的相关资料
	起草制度	在调研的基础上,组织专家、人员起草管理制度,在上级的统一领导协调下,由相关部门起草部分内容
	形成制度初稿	汇总各个部门、专家和起草人员的资料,形成格式规范的安全生产管理制度,并发给相关部门及项目部
	提出修改意见	制度涉及的相关部门对制度内容进行研究,提出修改意见
	审查制度初稿	审查上报的管理制度初稿,提出审查意见
	审批	作出审批决定
	形成试行制度	通过安委会审批后,形成试行管理制度并下发各部门、单位
制度运行	制度试行	按照新的试行管理制度,管理相应的安全生产工作,做好制度运行记录,重点查找新制度与本部门或单位安全生产实际工作情况不适宜之处
	运行反馈	在新制度试行期结束前,向安全管理部门反馈制度运行情况及修订的意见和建议
形成正式制度	制度修订	在制度试运行期结束后,根据各部门和下属单位提出的意见和建议,及时修订、补充相应条款
	审查制度	根据各部门和下属单位提出的意见,审查修订后的制度是否满足需要
	审批制度	作出审批决定
	形成制度	根据安委会审批意见,进行修改后,形成正式管理制度并下发执行
	存档	将正式制度及制定、试行、修订情况等相关资料存档备查

第二章

我国危险货物道路运输企业安全管理现状

为了有针对性地指导我国危险货物道路运输企业编写安全生产管理制度，本章主要介绍我国危险货物道路运输的行业现状和企业管理模式及存在的主要问题。

第二章 我国危险货物道路运输企业安全管理现状

第一节 我国危险货物道路运输行业概况

我国危险货物道路运输呈现数量大、品种多、长距离大宗货物运输和短距离多频次配送的特点。据不完全统计，我国每年通过道路运输危险货物 10 亿多 t（其中成品油运输量超过 3 亿 t）、3000 多个品种，其中易燃易爆油品类达 3 亿 t、液氯超过 600 万 t、液氨超过 500 万 t、剧毒氰化物超过 150 万 t。

一、危险货物道路运输业户情况[1]

据统计，2015 年全国从事危险货物道路运输的业户为 10695 户，同比减少 2.5%。其中经营性危险货物道路运输业户 10396 户，同比减少 274 户，降低 2.6%，经营性业户占危险货物道路运输总业户的比例为 97.2%，同比下降 0.1 个百分点，非经营性危险货物运输经营业户 299 户，同比增加 4 户。2011—2015 年危险货物道路运输业户数变化见表 2-1 和图 2-1。

2011—2015 年危险货物道路运输业户发展情况　　　　　表 2-1

指　　标	2011 年	2012 年	2013 年	2014 年	2015 年
业户总数（户）	9790	10307	10621	10965	10695
经营性业户数（户）	9271	9609	10122	10670	10396
非经营性业户数（户）	187	181	185	295	299
经营性业户占比（%）	98.2	98.2	98.1	97.3	97.2

注：在危险货物道路运输行业，通常把经营性危险货物道路运输业户，称为"危险货物道路运输企业"；把非经营性危险货物道路运输业户，称为"危险货物道路运输单位"。

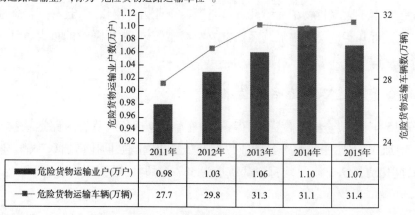

图 2-1　2011—2015 年全国危险货物道路运输业户及车辆发展情况

---

[1] 数据引自《中国道路运输发展报告（2015）》。

按照《危险货物分类与品名编号》(GB 6944—2012)的分类,2015年全国危险货物道路运输业户经营范围分布见表2-2。

2015年全国危险货物道路运输业户经营范围分布　　　　表2-2

运 输 物 质	业户数(户)	占业户总数比例(%)
第1类　爆炸品	1454	13.6
第2类　气体	5959	55.7
第3类　易燃液体	6721	62.8
第4类　易燃固体,易于自然的物质和遇水放出易燃气体的物质	1967	18.4
第5类　氧化性物质和有机过氧化物	1576	14.7
第6类　毒性物质和感染性物质	1858	17.4
第8类　腐蚀性物质	3360	31.4
第9类　杂项危险物质和物品	1168	10.9
剧毒化学品	604	5.6

注:由于某个危险货物道路运输企业的经营范围可能涉及运输几类危险货物,故占业户总数比例总和大于100%。

由表2-2可知:

(1)运输第3类易燃液体的危险货物道路运输企业数占一半以上(62.8%)。这个数字还不包括分布在全国各地中小城市配送汽油、柴油的分公司,可见我国成品油配送量很大。

(2)剧毒化学品道路运输企业较少,仅占5.6%。这是因为我国对危险货物道路运输实施分类管理后❶,从源头上加大了对危害极大的剧毒化学品、爆炸品的安全管理。爆炸品道路运输企业占13.6%,比例较大,其主要原因是有关部门要求运输民用爆炸品、烟花爆竹运输的,先要取得爆炸品道路运输的资质。

综上所述,由于大宗货物中易燃液体道路运输企业占一半以上,且易燃液体主要是常压罐车运输,尤其近几年危险货物道路运输事故中易燃液体、常压罐车的重大责任事故比例较大,故要将常压罐车作为加强管理的重点。

二、危险货物道路运输车辆情况❷

截至2015年年底,全国危险货物道路运输车辆(包括危险货物道路运输挂车)达31.4万辆,同比增加0.83%,平均每个经营业户拥有车辆29.3辆,同比增加0.9辆。吨位总计为521.5万t,同比增长5.2%,平均每户载质量为487.6t,同比增长7.8%。

---

❶《危规》(交通运输部令2013年第2号)提出了"运输剧毒化学品、爆炸品的,自有专用车辆(挂车除外)10辆以上"和"从事剧毒化学品、爆炸品道路运输的驾驶人员、装卸管理人员、押运人员,应当经考试合格,取得注明为'剧毒化学品运输'或者'爆炸品运输'类别的从业资格证"等的新要求。

❷数据引自《中国道路运输发展报告(2015)》。

第二章　我国危险货物道路运输企业安全管理现状

在危险货物道路运输企业中,拥有车辆数在100辆及以上的企业,占6.7%,同比下降0.1个百分点;拥有车辆数在50～99辆的企业占11.7%,同比增长0.5个百分点;拥有车辆数在10～49辆的企业占52.0%,同比增长2.3个百分点;拥有车辆数在10辆以下的企业占29.7%,同比下降2.8个百分点,个体运输户已完全退出危险货物道路运输市场。

2015年,全国安装卫星定位车载终端系统的危险货物道路运输车辆有17.3万辆,占危险货物道路运输车辆总数(不包含危险货物道路运输挂车)的比例达到90.9%,同比上升5.7个百分点,如图2-2所示。

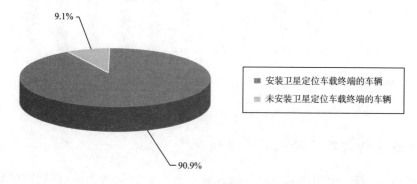

图2-2　2015年全国安装卫星定位车载终端的危险货物道路运输车辆比例

2015年,危险货物道路运输业户、车辆数及吨位数在全国东、中、西部地区分布也不均衡,如图2-3所示。

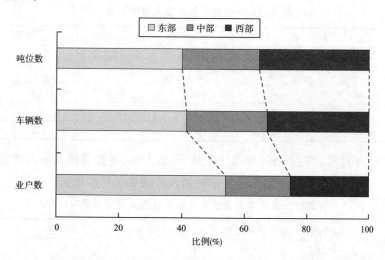

图2-3　2015年全国危险货物道路运输业户数、车辆及吨位数地区分布情况

全国危险货物道路运输车辆总计吨位列前10位的省(自治区)如图2-4所示,从总体情况看,危险货物运输资源主要集中在东部地区。

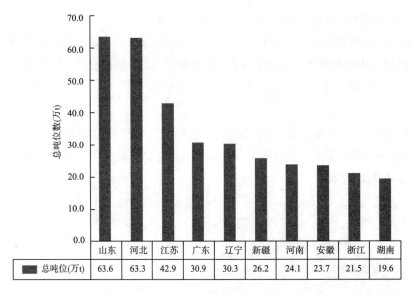

图 2-4　2015 年全国危险货物道路运输车辆总计吨位前 10 位省（自治区）

三、危险货物道路运输从业人员情况[1]

截至 2015 年年底，全国共有道路货物运输从业人员 2138.8 万人，同比减少 0.6%。其中，危险货物道路运输驾驶人员 71.2 万人，同比增长 15.0%；危险货物道路运输押运人员 62.4 万人，同比增长 6.0%；危险货物道路运输装卸管理人员 7.0 万人，同比下降 6.6%。2015 年危险货物道路运输从业人员地区分布情况见表 2-3。

2015 年危险货物道路运输从业人员地区分布情况　　　表 2-3

类　型	东　部		中　部		西　部	
	数量（万人）	在全国占比（%）	数量（万人）	在全国占比（%）	数量（万人）	在全国占比（%）
驾驶人员	43.2	60.6	14.2	20.1	13.8	19.3
押运人员	39.8	63.8	12.6	20.1	10.1	16.1
装卸管理人员	3.5	50.2	2.0	27.8	1.5	22.0

2011—2015 年危险货物道路运输驾驶人员、押运人员、装卸管理人员人数变化见表 2-4。由表 2-4 可以看出，我国危险货物道路运输从业人员的数量稳步增长。

2011—2015 年危险货物道路运从业人员发展情况（单位：万人）　　表 2-4

类　型	2011 年	2012 年	2013 年	2014 年	2015 年
驾驶人员	49.1	54.5	59.6	62	71.2
押运人员	44.2	50.5	55.1	58.9	62.4
装卸管理人员	6.9	7.1	7.6	7.5	7.0
合计	100.2	112.1	122.3	128.4	140.6

---

[1] 数据引自《中国道路运输发展报告（2015）》。

第二章 我国危险货物道路运输企业安全管理现状

2015年5月至8月,交通运输部运输服务司会同部职业资格中心对危险货物道路运输驾驶人员、押运人员和装卸管理人员等10个道路运输重点岗位从业人员的从业状况进行了调查,其中收回危险货物道路运输从业人员有效问卷10663份,危险货物道路运输企业有效问卷437份,调查结果分析如下:

(1) 从危险货物运输从业人员学历教育程度看,初中及以下学历人员占48.5%,高中(中专、职高)学历人员占44.8%,大专(高职)学历从业人员占5.6%,本科及以上学历从业人员占1.1%。低学历从业人员的比例很高,高中及以下学历的占93.3%。

(2) 从危险货物道路运输从业人员的性别和年龄看,男性比例达92.2%,女性比例为7.8%。25岁以下从业人员约为2%,25~35岁的从业人员约为21.79%,36~45岁的从业人员约为51.25%,45~55岁的从业人员约为23.5%,55岁以上的人员约为1.6%。由于年轻人较多(45岁以下人员占75%以上),其流动性也较大。

(3) 从危险货物道路运输从业人员的缺口及来源看,危险货物道路运输从业人员缺口率约为31.5%,预计2020年缺口将更大❶。14.3%的从业人员来自其他行业转行,33.4%的从业人员来自进城务工人员,4.1%的从业人员来自应届毕业生,48.3%的从业人员来自其他企业。

总体来看,危险货物道路运输从业人员存在学历低、流动大、缺口大的问题。

以上介绍了我国危险货物道路运输行业现状,下面根据2005年与2015年危险货物道路运输业户、车辆、从业人员数的变化(表2-5),进一步分析危险货物道路运输行业的变化趋势。

2005年与2015年危险货物道路运输业户变化情况 表2-5

指标	业户(万户)	车辆(万辆)	平均车辆数(万辆/万户)	从业人员(万人)
2005年	0.73	13	18	21
2015年	1.07	31.4	29.3	140.6
增长(%)	47	142	63	564

由表2-5可知,近10年以来危险货物道路运输业户、车辆、平均车辆数、从业人员数分别增加了47%、142%、63%、564%。这组数据首先说明,为了适应危险货物道路运输需求量的快速增加,危险货物道路运输行业也在迅速发展。其次说明,一是危险货物道路运输企业为国家纳税并解决了大量就业人员,二是国家有关危险货物道路运输的行业政策,不限制行业发展,而且促进了行业发展,三是平均车辆数增加到29.3万辆/万户(是普通货物道路运输业户的20多倍),说明企业在向集约化、规模化发展❷。

---

❶数据来源于交通运输部运输服务司、职业资格中心2015年12月编制的《道路运输重点岗位从业人员状况调查报告》。

❷这个比较是相对于普通货物道路运输业户平均车辆数不到2而言的。

第二节 我国危险货物道路运输企业安全管理现状

我国企业安全管理模式,常见的有如图2-5~图2-7所示的三种。

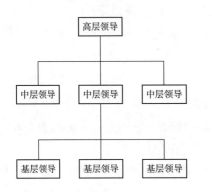

图2-5 企业直线形安全管理组织结构　　图2-6 企业职能制安全管理组织结构

我国不同规模的危险货物道路运输企业其管理模式也不同,为了便于分析,根据本章第一节"我国危险货物道路运输行业概况"中企业拥有车辆数,将企业分为大型企业(拥有车辆数在50辆以上的企业,占18.3%)、中型企业(拥有车辆数在10~49辆的企业,占52.0%)、小型企业(拥有车辆数在10辆以下的企业占29.7%)。同时,考虑非经营性危险货物道路运输单位,也将其作为一种形式在本节予以介绍。

危险货物道路运输企业各层级安全生产管理责任,一般实行"三级"管理(即主要负责人、分管负责人、具体责任人)、分级负责制度;明确各层级的工作职责,连接责任分工、责任落实、责任追究三个节点,一级抓一级,层层抓落实,构成安全生产管理闭环链条。危险货物道路运输企业安全生产管理组织架构如图2-8所示。

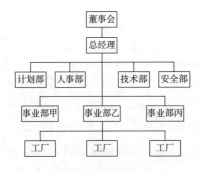 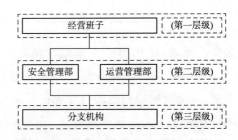

图2-7 事业制安全管理组织结构　　图2-8 危险货物道路运输企业安全生产管理组织架构示意图

(1)经营班子(第一)层级:负有安全生产的全面责任。

(2)部门(第二)层级:安全管理部门负责人(综合安全责任人),负责协助分管安全负责人组织实施、综合管理及监督检查安全生产工作;运营管理部门负责人(具体责任人),对本部门的安全生产工作负直接管理责任。

(3)分支机构(第三)层级:分支机构负责人(具体责任人),对本部门(专职安全管理人员、驾驶人员、押运人员、装卸管理人员)安全生产负全面责任。

危险货物道路运输企业安全生产管理组织架构应包括企业主要负责人,运输经营、安全管理等部门负责人及分支机构的主要负责人,见表2-6。

危险货物道路运输企业安全生产管理组织架构表 表2-6

序号	部门	职位	安全生产管理岗位	备注
1	经营班子	主要负责人	第一责任人	
2		分管安全管理负责人	直接责任人	
3		分管运营管理负责人	具体责任人	
4	安全管理部门	部门经理	综合安全责任人	
5	运营管理部门	部门经理	具体责任人	
6	分支机构(岗位)	专职安全管理人员	具体责任人	
		驾驶人员		
		押运人员		
		装卸管理人员		

一、大型企业安全管理现状

截至2015年年底,我国危险货物道路运输企业中拥有车辆在50辆以上的企业有1900余家,占危险货物道路运输企业总数的18.3%,这些企业称为大型企业。

1. 大型企业特点

根据调查,大型企业基本上都设有危险货物道路运输专用停车场,并统一集中停放管理,同时,按照《安全生产法》的规定,设置了安全生产管理机构。

大型企业的经营班子(第一)层级:负责人、正副经理等,负有安全生产的全面责任。

部门(第二)层级:安全管理部门负责人(综合安全责任人,大多机构名称为安全部),协助分管安全负责人,负责组织实施、综合管理及监督检查安全生产工作;运营管理部门负责人(具体责任人,大多机构名称为调度中心、调度组、卫星定位监控部、车辆调配科、运营中心、管理中心、标准化管理办公室等),对本部门的安全生产工作负直接管理责任。

分支机构(第三)层级:分支机构负责人(具体责任人,大多分成几个车队、仓储组等),对本部门(专职安全管理人员、驾驶人员、押运人员、装卸管理人员)安全生产负全面责任。

2. 案例(某企业情况介绍)

(1)某石油运输公司的安全生产管理组织架构如图2-9所示。该石油运输公司将"安全环保部"设置在公司机关部门,统一管理基层单位(子公司、分公司等)的安全生产(危险货物道路运输)工作。

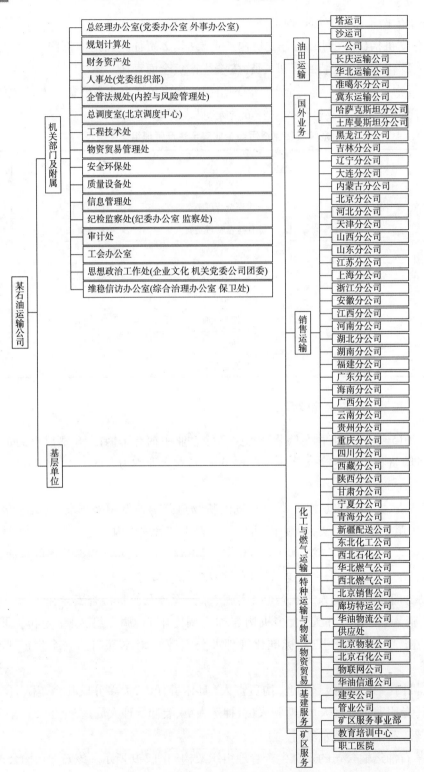

图 2-9　某石油运输公司的安全生产管理组织架构

(2)某物流公司 A 的安全生产管理组织架构如图 2-10 所示。该物流公司由"运营部"

第二章 我国危险货物道路运输企业安全管理现状

下设的车队管理中心、审核管理中心负责运输安全工作。

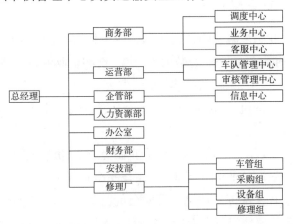

图 2-10 某物流公司 A 的安全生产管理组织架构

（3）某物流公司 B 的安全生产管理组织架构如图 2-11 所示。该公司设置"安全副总"专职负责安全生产管理工作。同时，根据《安全生产法》的有关规定，设置安全管理机构，如图 2-12 所示。

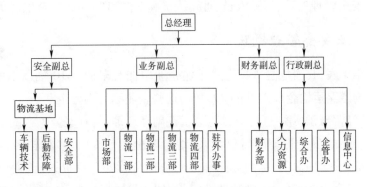

图 2-11 某物流公司 B 的安全生产管理组织架构

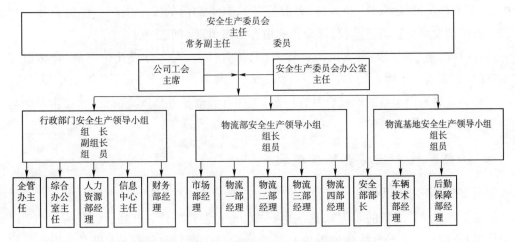

图 2-12 某物流公司 B 的安全生产管理具体机构图

二、中型企业安全管理现状

截至2015年年底,我国危险货物道路运输企业中拥有车辆在10~49辆之间的企业有5410余家,占危险货物道路运输企业总数的52.0%,这些企业称为中型企业。

根据调查,在中型企业中,车辆数较多(车辆数大于40辆)的企业,按照《安全生产法》的规定设置了安全生产管理机构;车辆数较少的企业,按照《安全生产法》的规定配备了专职安全管理人员。

中型企业的经营班子(第一)层级:负责人、正副经理等,负有安全生产的全面责任。

部门(第二)层级:安全管理部门负责人(综合安全责任人,大多机构名称为安全科、办公室、综合事务部、安全环保部等),协助分管安全负责人,负责组织实施、综合管理及监督检查安全生产工作;运营管理部门负责人(具体责任人,大多机构名称为调度室、车辆调配科、运营科、业务科、办公室等),对本部门的安全生产工作负直接管理责任。一般由调度室负责动态监控,部分企业由办公室负责动态监控。

分支机构(第三)层级:分支机构负责人(具体责任人,大多分成几个车队、仓储组等),对本部门(专职安全管理人员、驾驶人员、押运人员、装卸管理人员)安全生产负全面责任。

三、小型企业安全管理现状

截至2015年年底,我国危险货物道路运输企业中拥有车辆在10辆以下的企业有3087余家,占危险货物道路运输企业总数的29.7%,这些企业称为小型企业。

小型企业的经营班子(第一)层级:负责人、正副经理等,负有安全生产的全面责任。

部门(第二)层级:安全管理部门负责人(综合安全责任人,大多机构名称为安全科、办公室、综合事务部、安全环保部、综合应急部等),协助分管安全负责人,负责组织实施、综合管理及监督检查安全生产工作;运营管理部门负责人(具体责任人,大多机构名称为运输部、调度室、车辆调配科、运营科、业务科、办公室等),对本部门的安全生产工作负直接管理责任。一般由调度室负责动态监控,部分企业由办公室负责动态监控。

分支机构(第三)层级:分支机构负责人(具体责任人,大多分成几个车队、仓储组等),对本部门(专职安全管理人员、驾驶人员、押运人员、装卸管理人员)安全生产负全面责任。

部分企业将不同层级的职能合并在一起,例如有的企业由经理全面负责,而由车队具体负责安全管理和运营管理等。

四、非经营性单位安全管理现状

截至2015年年底,我国非经营性危险货物道路运输单位有290余家,占所有危险货物道路运输企业和单位总数的2.7%,这些企业称为非经营性单位。非经营性危险货物道路运输单位(以下简称为非经营性运输单位),是指企业以生产危险化学品(或者使用危险化学品生产)为主的生产型企业。该企业为了做好销售服务,成立车队仅配送本单位所生产(所用)的危险化学品,其危险化学品道路运输不是经营性的。举例说明,某工业气体生产企业,注册资本、投资总额几十亿元人民币,其投入主要是生产工业气体。该企业仅使用注册资本、投资总额的百分之几(或者千分之几)购买车辆,为客户配送工业气体。这样的企业就是非经营性运输单位。

根据企业经营规模的不同,管理水平也有较大的区别。规模较大的生产企业,能够按照《安全生产法》的规定,设置独立的安全生产管理机构,配备专职安全管理人员,同时将交通安全管理作为重要的安全管理部分,纳入公司的总体安全管理与考核中,交通安全管理类似大型运输企业状况。规模较小的生产型企业,一般将交通安全管理归入企业安全生产管理机构中,由企业安全管理人员兼顾公司危险货物道路运输的安全管理。

非经营性运输单位中车辆数少、运输量小的企业,管理多侧重于生产环节。非经营性运输单位大多将不同层级职能合并在一起,例如由经理全面负责,而由运输部门具体负责安全管理和运营管理等。

第三节 我国危险货物道路运输企业安全管理存在的主要问题

一、危险货物道路运输安全生产的影响因素

在我国,影响安全生产的因素主要有人的因素、设备因素、管理因素、法的因素和环境因素。人的因素对于安全管理的影响是不言而喻的,主要取决于安全素质,包括安全意识、安全技能以及应急反应能力;没有良好的机械设备安全生产就失去了根基,危险货物运输从业人员在出车前和收车后,对车辆及设备等进行例行检查,并做好季节性维护和修理工作,可有效避免运输安全事故;安全管理系统是整个企业管理系统中的一个子系统,与企业管理水平,甚至政府管理水平的高低密切相关;法律对于约束人的行为,维护社会稳定起着至关重要的作用,对安全问题也是如此。没有一个完整的安全法律法规体系,就不会有一个公正的竞争环境,容易助长短期行为,产生恶性事故;环境因素,是指安全生产面对的外部环境,包括对人生命价值的认识和社会舆论环境。

尽快解决包括上述问题在内的相关问题,尽快缩短我国在安全管理工作方面与发达国家的差距,无疑是安全科学界近年来最重要的工作之一。只有做到了这一点,我国才能真正保持可持续发展,安全水平才能跃上新的台阶,接近世界先进水平。

二、危险货物道路运输企业安全管理存在的主要问题

危险货物道路运输市场不断发展的同时,危险货物道路运输业仍然存在诸多问题,归纳如下。

1. **危险货物生产集中,需求分散,配送难度大**

我国危险化学品的原料、生产、使用等不同环节分处全国不同地域,导致大量危险货物

需要异地运输,且配送路线过长,潜在风险较大。同时由于铁路运输能力的限制,危险货物配送主要依赖于公路运输,但长距离运输大宗危险货物,运输成本高,效率低,风险大,运输效率低。也就是说,危险货物道路运输半径过大,超过了经济运输距离,道路运输自身优势难以发挥。此外,由于国家有对危险货物运输车辆进入城区等区域实行车辆限制通行的规定❶,危险货物道路运输在城市配送方面,也存在进城难的问题。

2. 危险货物道路运输企业实力弱,专用车辆少,服务水平低

由前文对我国危险货物道路运输行业概况的分析可知,2015 年我国危险货物道路运输企业拥有车辆数在 49 辆以下的企业为 8497 户,占总企业数的 81.7%;拥有车辆数在 10 辆以下的企业为 3087 户,占总企业数的 29.7%。由此可以看出,我国危险货物道路运输企业普遍存在规模小、经营实力弱的问题;同时,多数危险货物运输企业仅能提供单一的运输服务,同时还存在专用车辆少,服务单一,专业化程度低下,难以提供高水平、高效率的整体物流供应链解决方案,无法适应市场发展需求。

3. 危险货物道路运输企业安全管理机制不健全,管理粗放

其主要表现:一是部分危险货物道路运输企业安全管理机构及管理制度不健全,尤其是小型企业(家族式企业),没有配备专职安全管理人员,且管理人员法律意识、安全意识淡薄,缺乏安全生产知识和安全管理能力,凭直觉和经验进行管理,管理比较粗放;二是部分危险货物道路运输企业安全管理混乱,管理人员不清楚从业人员、车辆运输货物、承托双方、起讫地点、运输路线等;三是部分具有危险货物运输资质的企业实行挂靠经营,但对挂靠车辆、驾驶人员疏于管理,挂而不管、以包代管的问题严重;四是部分危险货物运输企业缺乏预防为主的事故管理理念,注重被动的事故管理,只重视分析事故结果。在实际管理工作中,定性的概念、口号多,定量的概念、可操作性规章少,存在"安全管理工作喊口号、制度挂墙上、工作无抓手"的问题。

4. 危险货物道路运输违规操作,安全隐患大

危险货物道路运输不符合规范的现象大量存在,成为造成安全隐患的重要因素。如《危规》要求"从事道路危险货物道路运输的驾驶人员、装卸管理人员、押运人员应当经所在地设区的市级人民政府交通运输主管部门考试合格,并取得相应的从业资格证",但是相当比例的危险货物道路运输从业人员文化素质低,安全意识淡薄,上岗培训教育不落实或流于形式,未能达到相关专业知识要求;有些从业人员,对危险货物运输知识了解少,操作不规范,出现事故时不能及时、妥当处理;无证运输危险货物和无证上岗的现象也时有发生,导致危险货物道路运输潜在危险性较大,一旦发生事故,这些人员无法及时采取妥当措施,从而出现逃匿现象。

还有相当比例的车辆不符合有关技术要求或用普通车辆运送危险货物,专用安全设施

---

❶《危险化学品安全管理条例》第四十九条规定,未经公安机关批准,运输危险化学品的车辆不得进入危险化学品运输车辆限制通行的区域。危险化学品运输车辆限制通行的区域由县级人民政府公安机关划定,并设置明显的标志。

和器材配备不全。另外,在危险货物道路运输中同样存在超载超限现象,在配载中也存在与普通物品混装甚至出现有毒物品与食品混装的现象。

在运输效率方面,目前我国相当比例的危险货物道路运输还存在重复运输、运力选择不当、运输半径过大等问题。相关问题的大量存在,使得运输过程中难以选择合适承载能力的运输工具,造成严重超载,产生安全隐患,或者实载率低、浪费运力的现象。尤其是常压罐车,只能根据国家"车辆产品公告"中允许充装介质充装一种介质,运输效率低下,极不科学,造成了很大的浪费。

5. 危险货物道路运输市场竞争激励,运输价格恶意压低

危险货物道路运输相对于普通货物运输的利润空间较高,且危险货物道路运输市场准入门槛低,货运信息不对称,运价体系不透明,普遍存在恶性竞争。首先,托运企业存在恶性压价的情况,一旦有人愿意低价接活,就会借机把价格压得更低,故流传着"你不超载有人超载,你不运有别人运",把市场搞得越来越乱。其次,有些承运企业为了占领市场,故意压低运价,恶性竞争,造成运输市场混乱;有些承运企业为追求利润最大化,恶性竞价,挂靠经营,超范围经营,多拉快跑,铤而走险,导致超速、超载、超限、疲劳驾驶等问题,存在严重的安全隐患;还有一些无证经营危险货物运输的企业和个人,非法从事危险货物道路运输,进一步激化运输市场的恶性竞争,严重影响了运输市场的正常秩序。更为严重的是,一些有资质的运输单位将承运的危险货物转包给其他单位和个人承运,部分从事危险货物道路运输的驾驶人员和押运人员没有取得交通运输部门颁发的上岗资格证。

6. 危险货物道路运输从业单位的专业人员少,从业人员文化水平低

部分危险货物道路运输从业单位虽然履行了许可程序,但在实际工作中疏于管理、查验不严。例如,缺少具有专业知识的管理人员,组织机构、管理制度不健全;对安全生产投入严重不足;大多数危险货物道路运输企业没有相对完善的事故应急预案,有的根本没有设立应急救援预案体系。至今为止,交通运输部门未对危险货物道路运输企业的专职安全管理人员进行管理[1]。同时,危险货物道路运输企业普遍缺乏熟悉物流、化工、车辆、罐体、应急救援等专业知识的安全管理人员。安全管理人员专业素质和学历偏低,对危险货物的类别、特殊性和危险货物运输技术、车辆、设备要求以及应急措施等认知欠缺。

从业人员整体素质较低(初中及以下学历人员占48.5%,高中学历人员占44.8%),人才缺口比较大(缺口率约为31.5%),缺乏系统的、专业化的培训,安全管理水平较低;危险货物道路运输驾驶人员、押运人员队伍职业技能低、素质差、流动率高。驾驶人员、押运人员虽然持有相关证件,但是因为自身素质较低,缺乏系统性教育,缺乏必要职业技能、职业素质和危险物品常识,实际操作能力差,出现事故时不能及时、妥当处理。

---

[1]《安全生产法》第二十四条第二款规定,危险物品的生产、经营、储存单位以及矿山、金属冶炼、建筑施工、道路运输单位的主要负责人和安全生产管理人员,应当由主管的负有安全生产监督管理职责的部门对其安全生产知识和管理能力考核合格。考核不得收费。

7. 危险货物道路运输企业应急救援预案可操作性差

当前对危险货物道路运输事故处理尚无快速反应的机制,危险货物道路运输企业应急救援机制可操作性差。出现情况时,一般通知发货、收货人处理,当出现危险货物泄漏、燃爆等情况时,只能求助消防部门,从而往往错过了危险货物道路运输事故的最佳处理时间。此外,危险货物道路运输从业人员缺乏紧急事故处理培训,道路运输监管部门缺乏有效的事故应急机制,已成为我国危险货物道路运输事故危害大的重要因素。

第三章

危险货物道路运输企业安全生产监督管理制度

　　建立危险货物道路运输企业安全生产监督管理制度是消除事故隐患、落实整改措施、防止伤亡事故、改善劳动条件、实现安全生产的重要手段。本章主要介绍该制度的适用范围和实施主体，安全生产监督检查的内容、方法和时间及隐患的处理程序和档案要求。

第三章　危险货物道路运输企业安全生产监督管理制度

第一节　适用范围和实施主体

一、适用范围

危险货物道路运输安全管理是一项系统工程，涉及从业人员、车辆及设备、道路状况、运输环境和货物性质等多方面的因素。就企业内部而言，它主要围绕从业人员的安全意识和专业技能、车辆及设施设备的技术状况、运输组织以及控制和管理上述因素的管理制度和措施来实施。

安全生产监督检查制度设立的目的是为通过对涉及安全的诸多要素的辨识、分析、评价和检查，发现其不安全状态，并通过技术、行政等手段为控制和消除安全隐患提供规范化的要求。所以，安全生产监督检查制度适用范围应包括所有与生产经营相关的部门、岗位及从业人员、场所、环境、设备设施和活动等。

二、实施主体

由上述内容可知，安全生产监督检查制度的适用范围覆盖面广，所以与其关联的实施主体和职责分工也相对广泛。一方面需要依据企业的组织机构设置和岗位职责来制定，将多个安全生产监督检查任务分解到具体人员和部分岗位；另一方面也需要充分发挥安全生产管理机构的效用，现举例如下。

安全生产决策机构(法定代表人)：全面负责公司安全生产监督检查和隐患治理工作。主要职责：(略)。

安全生产管理机构(专职安全生产管理人员)：具体负责公司的安全生产监督检查和隐患治理工作，负责隐患整改通知书的下发和审核等。主要职责：(略)。

×班组(负责人)：协助法定代表人和安全生产管理人员负责×班组的安全生产管理及隐患排查治理工作。主要职责：(略)。

第二节　安全生产监督检查的内容、方法和时间

一、安全生产监督检查的内容

安全生产监督检查的范围包括企业与生产经营活动相关的所有场所、环境、人员和设备设施，具体包括：

(1)查制度，即检查安全生产规章制度、安全生产责任制是否健全、完善。

(2)查设备，即检查企业安全设备、设施是否处于正常的运行状态。

(3)查安全知识,即检查从业人员是否具备应有的安全知识和操作技能。

(4)查纪律,即检查从业人员是否严格遵守安全生产规章制度和操作规程。

(5)查事故隐患。

(6)查从业人员的劳动防护用品是否符合标准。

(7)其他事项。

由于上述每个因素涉及的检查项目会很多,为了确保各项涉及安全生产的要素都能检查到,需要依据条理化和表格化的安全生产监督检查表等形式来完成。所以,企业在制定该项制度时,可以配合各生产要素的安全监督检查表或检查清单等形式来完成。

根据《危险货物道路运输企业安全生产管理制度编写要求》(JT/T 912—2014),危险货物道路运输企业安全生产监督检查的主要内容包括:安全生产管理机构设置、各工作岗位职责落实、安全教育培训情况等多个方面。下面列出各检查项大致需要涉及的检查内容,企业可以根据自身经营情况调整和添加。

1. **安全生产管理机构设置**

(1)是否已按要求设立安全生产管理机构和配备专职安全生产管理人员。

《安全生产法》第二十一条规定,矿山、金属冶炼、建筑施工、道路运输单位和危险物品的生产、经营、储存单位,应当设置安全生产管理机构或者配备专职安全生产管理人员。

(2)主要负责人和安全生产管理人员是否取得安全培训合格证书。

《安全生产法》第二十四条规定,生产经营单位的主要负责人和安全生产管理人员必须具备与本单位所从事的生产经营活动相应的安全生产知识和管理能力。道路运输单位的主要负责人和安全生产管理人员,应当由主管的、负有安全生产监督管理职责的部门对其安全生产知识和管理能力考核合格。

(3)是否有安全生产管理机构设立文件和安全生产管理人员聘任文件,并明确责任。

2. **各工作岗位职责落实**

(1)是否制定了各岗位工作职责并公示。

(2)各岗位人员是否认真履行岗位职责。

(3)履职情况是否有可记录的文件。

具体岗位职责可参考《安全生产法》和《危险货物道路运输企业安全生产责任制编写要求》(JT/T 913—2014)。

3. **安全教育培训情况**

(1)是否制定了安全生产教育培训制度。

(2)是否制订了安全教育培训计划。

(3)企业主要负责人和安全生产管理人员,是否由有关主管部门对其安全生产知识和管理能力考核合格后任职,关键岗位管理人员变更是否经过了安全教育培训,考试是否合格。

(4)对新从业人员是否全部进行了三级安全教育培训。

(5)培训对象是否覆盖全面,比如是否对新进员工、临时工和培训、实习人员,转岗和内

第三章 危险货物道路运输企业安全生产监督管理制度

部调动及离岗半年以上的员工等进行过岗前培训。

(6)培训内容是否符合要求。根据《安全生产法》第二十五条,安全生产知识、安全生产规章制度、安全操作规程和操作技能、事故应急处理措施和从业人员的安全生产权利和义务是必须进行培训的内容。

(7)培训的组织和周期是否符合要求。

(8)驾驶人员的继续教育培训周期及学时是否符合要求。

(9)新技术、新设备投入使用前,是否对管理和操作人员进行专项培训。

(10)培训的档案记录和现场照片是否齐全,是否包括安全生产教育和培训的时间、内容、参加人员以及考核结果等情况。

(11)安全教育培训经费投入是否符合要求。

(12)培训考核是否符合企业制定的标准要求等。

安全教育培训情况检查对照表见表3-1。企业可以根据自身情况来设计制定。

4. 车辆及设备设施安全技术状况

主要是对车辆及相关安全防护设施、消防设施和劳动防护用品的技术状况进行检查,如车辆日常维护、综合性能检测、二级维护是否按照规定进行,灯光、转向、制动、喇叭是否稳固有效,轮胎磨损及胎压情况,随车其他装置是否牢固有效,消防栓、灭火器是否符合相应规定并保持有效状态等,大体可涵盖以下几个方面的内容。

(1)车辆类型是否符合其承运的危险货物特性。

(2)车辆是否持有有效的行驶证和道路运输证。

(3)车辆是否安装了具有行驶记录功能的卫星定位系统且接入监控平台和全国重点营运车辆联网联控系统。

(4)车辆是否配备有效的通信工具。

(5)车辆的标志灯、标志牌和安全标示牌的安装是否符合法律法规要求。

(6)是否配备与所运危险货物性质相适应的安全防护、环境保护和消防设施设备,包括电源总开关、排气火花熄灭器、导静电拖地带、灭火器、警告标志等,以及反光背心、防护手套、衣服等个人防护用品。

(7)罐式车辆的安全附件是否配置齐全且有效。

(8)车辆及罐体的定期检验或等级评定是否按照法律法规要求进行。

(9)车辆保险和承运人责任险的购买情况。

(10)车辆的日常维护、一级维护和二级维护等是否符合要求。

(11)车辆的修理、清洗和置换等是否符合法律法规要求。

5. 从业人员操作规程执行情况

主要是对驾驶人员、押运人员操作规程的执行情况进行检查。具体的操作规程要求可以结合企业自身情况和《汽车运输、装卸危险货物作业规程》(JT 618—2004)来制定。通常,可以包含以下几个方面的内容。

表 3-1

生产经营单位安全教育培训情况对照检查表（示例）

分类	项目	检查内容	检查形式
1. 制度建设	安全教育培训责任体系	□安全生产组织机构健全，职责清晰，明确负责机构和人员 □未建立健全安全生产组织机构，职责不清，未明确负责机构和人员	查资料
	安全教育培训制度	□已建立教育安全培训制度 □未建立教育安全培训制度	□制度健全、规范（以正式文件或汇编形式下发） □规定与国家有关规定一致，全面详细，具有可操作性	查资料
	安全教育培训计划	□已制订年度安全教育培训计划 □未制订年度安全教育培训计划	□由主要负责人组织制订并实施 □规范（以正式文件形式下发） □安排内容详细、合理，有针对性，具有可操作性	查资料，询问相关人员
2. 持证上岗	主要负责人	需持证____人，已持证____人，未持证____人	□有效____ □未复审（ 人）	查证件，现场核对人及证
	安全管理人员	需持证____人，已持证____人，未持证____人	□有效____ □未复审（ 人）	
	特种作业人员	需持证____人，已持证____人，未持证____人	□有效____ □未复审（ 人）	
	其他需持证人员	持证类别： 需持证____人，已持证____人，未持证____人	□有效____ □未复审（ 人）	
3. 档案管理	安全教育培训档案	□已建立安全教育培训档案 □未健全安全教育培训档案 □未建立安全教育培训档案 □编造安全教育培训档案	□本单位从业人员信息台账，转岗、复岗人员信息台账 □安全教育培训记录，详细记录培训时间、地点、参加人数、授课人、组织部门等	查资料

续上表

分类	项目	检查内容	检查形式
3.档案管理	安全教育培训档案	☐安全教育培训人员考勤签到，无代签、补签行为 ☐考核情况，有成绩台账、考核试卷、试卷份数与参训人数一致 ☐相关安全教育培训教材 ☐有关安全教育培训影像资料 ☐职工个人安全教育培训档案，建立职工安全教育培训档案，一人一卡，详细记录职工安全教育培训学时、内容、考核、持证等情况 ☐三级安全教育培训档案，包含培训记录、教材、考核试卷、影像资料等，建立三级安全教育培训记录卡 ☐持证人员记录台账，保存资格证件原件或复印件	查相关记录、凭证
4.经费保障	安全教育培训投入	☐按规定按需要投入资金	查资料
5.效果评价	安全教育培训实施落实情况	☐按制度、计划实施教育培训 ☐由指定机构和人员组织实施 各类人员安全知识掌握情况： ☐掌握 ☐未掌握	查资料、抽查、测查各岗位员工、现场检查
6.宣传教育	安全文化建设	☐开展 ☐未开展 ☐方案总结 ☐活动记录 ☐相关资料	查资料
	经常性安全宣传教育	☐开展 ☐未开展 ☐方案总结 ☐活动记录 ☐相关资料	
	规定宣传教育活动	☐开展 ☐未开展 ☐方案总结 ☐活动记录 ☐相关资料	

(1)企业是否制定了各岗位的操作规程,有文件记录。

(2)驾驶人员和押运人员是否遵守出车前的操作要求,包括出车前的证件文件、车辆状况、标志标牌、安全设施设备、消防器材、货物捆扎及防散失、劳动防护用品等检查。

(3)驾驶人员和押运人员是否遵守运输过程中的操作要求,包括是否按规定线路和限速行驶,途中的车辆停放是否做好相应措施,是否按照规定进行休息等,途中车况和货物的检查是否符合要求等。

(4)驾驶人员和押运人员是否遵守装卸过程中的货物交接及车辆操作要求,包括车辆驶入或停放在装卸作业区的操作要求,装卸作业前的货物核对及相关文件审查及交接手续,装卸过程中的移动车辆操作要求等。

(5)驾驶人员和押运人员是否遵守车辆回场的操作要求,包括车辆收车检查、相关证件及文件交接,车辆及劳动防护用品交接,洗浴及进食等注意事项,车辆清洗消毒,途中行车情况交代等操作要求。

(6)运输过程中发生事故时,驾驶人员和押运人员报告及处理程序是否符合要求等。

(7)驾驶人员和押运人员是否按照要求做好行车日志的记录等。

6. 事故隐患整改及应急预案演练

主要检查是否按照要求和频次执行安全生产检查,以及对于检查发现的问题是否采取对应的措施进行整改到位;另外,制定应急预案后,是否按照要求进行宣传和演练。

(1)是否制定了事故隐患整改制度。

(2)是否对各种安全检查所查出的隐患进行原因分析,制定针对性控制对策。

(3)隐患整改通知书的制定和下发是否符合要求。

(4)对上级检查指出或自我检查发现的一般安全隐患,是否落实防范和整改措施,并组织整改到位。

(5)重大安全隐患是否按照要求报相关部门备案,并做到整改措施、责任、资金、时限和预案"五到位"。

(6)是否制定了应急救援预案。

(7)应急救援预案是否与当地政府预案保持衔接,并报当地有关部门备案。

(8)是否定期评审应急预案,并根据评审结果或实际情况的变化进行修订和完善。

(9)是否开展应急预案的宣传教育,普及生产安全事故预防、避险、自救和互救知识。

(10)是否按照要求定期组织应急演练,使有关人员了解应急预案内容,知悉应急职责、应急程序和岗位应急处置方案。

7. 安全生产台账、档案保存

(1)是否建立了台账、档案管理制度。

(2)企业建立的台账内容是否覆盖全面,是否包括安全生产的各个方面。

(3)是否建立了企业基本信息档案,内容应包括企业概况信息(如企业名称、地址、法定代表人、企业负责人、联系电话、投资总额、注册资本、经营范围、车辆规模、停车场地位置及

第三章 危险货物道路运输企业安全生产监督管理制度

面积、专职安全管理人员及从业人员数量等基本信息)、《道路运输经营许可证》或《道路运输危险货物许可证》和《企业法人营业执照》，安全生产标准达标相关材料，许可相关材料（原始材料）。

（4）是否建立了从业人员信息管理档案，内容应至少包括劳动关系合同，姓名、性别、出生年月日、学历、岗位、简历等基本信息，身份证、机动车驾驶证、从业资格证复印件，从业情况记录（包括诚信考核记录，违法、违章、事故记录），教育培训情况等。

（5）是否建立了车辆技术档案，档案内容应包括车辆基本信息、车辆技术等级评定、客车类型等级评定或者年度类型等级评定复核、车辆维护和修理（含《机动车维修竣工出厂合格证》）、车辆主要零部件更换、车辆变更、行驶里程、对车辆造成损伤的交通事故等记录。

（6）是否有安全生产监督检查档案或台账的记录，其内容是否包括检查日期、检查部位或场所，发现隐患的数量、类别和具体情况，整改措施或完成整改时间，检查现场照片、负责实施部门或人员及签名等。

（7）是否有安全教育培训档案和安全生产会议档案等。

（8）档案记录内容是否实事求是，不存在弄虚作假、代签代写等现象。

二、安全生产监督检查的方式和方法

1. 检查方式

安全生产检查组织方式主要有综合检查、专项检查、季节性检查、节假日检查、日常检查等。其中，综合性检查的范围较广较全，专项检查的内容可以是综合性检查中的一个环节，如对企业车辆技术状况的专项检查。季节性检查主要是围绕季节因素而单独实施的检查方式。不同检查方法的检查重点及要求见表3-2。

不同检查方法的检查重点及要求　　　　　表3-2

检查方式	检查要求
综合检查	应对企业各个部位、每台设施设备、车辆运行的每个环节进行全面综合检查。一般可以由公司安全生产领导小组或者安全管理部门来负责实施，其他各职能部门参加。 检查出的安全隐患可以由安全管理部门负责汇总，分别提交有关部门整改并对整改情况进行跟踪
专项检查（包括临时性检查）	主要是对运输车辆、设施设备以及防火防爆、防尘防毒等进行检查。或对紧急情况下的抢修、大修项目的开工、长期不用的设备开车、新工艺新设备的投产等情形所进行的临时性安全检查，以及根据其他安全隐患信息所进行的临时性安全隐患排查
季节性检查	针对不同季节有针对性地进行预防性季节检查，如防火防爆、防雨防洪、防雷电、防暑降温、防风、防滑及防冻保暖工作等

续上表

检查方式	检查要求
节假日检查	国家法定假日（如春节、五一、国庆节等）前，在企业范围内开展安全大检查，特别是对一些重点部位进行巡查，发现安全隐患及时组织整改，确保节假日期间的安全生产。节假日检查应适时开展
日常检查	分岗位工人检查和管理人员巡回检查。岗位工人上岗应认真履行岗位安全生产责任制，进行出车前检查和交接班检查；各级管理人员应在各自的业务范围内进行检查。日常检查应每日进行

2.检查方法

安全生产监督检查的方法包括常规检查、安全检查表法和仪器检查法等。

（1）常规检查。常规检查通常是由安全生产管理人员作为检查工作的主体，到作业现场，通过简单工具或仪表，或利用自身经验等，对作业人员的行为、作业场所的环境条件、运输工具及设备设施等进行的定性检查。安全检查人员通过这一手段，及时发现现场存在的安全隐患并采取措施予以消除，纠正施工人员的不安全行为。常规检查完全依靠安全检查人员的经验和能力，检查的结果直接受安全检查人员个人素质的影响。因此，对安全检查人员个人素质的要求较高。

（2）安全检查表法。为规范检查工作，将个人行为对检查结果的影响减到最小，常采用安全检查表法。安全检查表（SCL）是事先对系统加以剖析，列出各层次的不安全因素，确定检查项目，并把检查项目按系统的组成排序编制成表，以便进行检查或评审。

安全检查表是进行安全检查，发现和查明各种危险和隐患，监督各项安全规章制度的实施，及时发现事故隐患并制止违章行为的一个有力工具。安全检查表应列举需查明的所有可能会导致事故的不安全因素。每个检查表均需注明检查时间、检查者、直接负责人等，以便分清责任。安全检查表的设计应做到系统、全面，检查项目应明确。危险货物道路企业车辆安全检查表见表3-3。

编制安全检查表的主要依据：

①有关标准、规程、规范及规定。

②国内外事故案例及本单位在安全管理及生产中的有关经验。

③通过系统分析确定的危险部位及防范措施都是安全检查表应包含的内容。

④新知识、新成果、新方法、新技术、新法规和新标准。

（3）仪器检查法。仪器、设备内部的缺陷及作业环境条件的真实信息或定量数据，只能通过仪器检查法来进行定量化检验与测量，才能发现安全隐患，从而为后续整改提供信息。因此，必要时需要用仪器检查。由于被检查的对象不同，检查所用的仪器和手段也不同。

通常，企业需要根据检查对象的复杂程度和是否可以定量化等来确定选择何种检查方式。

危险货物道路运输企业车辆安全检查表

表 3-3

序号	检 查 内 容	检 查 标 准	检 查 方 法	检 查 结 果
1	车辆技术等级	达到一级	查看综合性能检测卡	□达 到 □未达到
2	运输剧毒化学品、爆炸品、专用车辆,牵引车及其他专用车辆维修	到具备资质的维修企业进行维修	查看维修合同	□符 合 □不符合
3	车辆外廓尺寸、轴荷和质量	符合国家标准	查看综合性能检测卡	□符 合 □不符合
4	车载卫星定位装置	安装并在线使用	查看平台记录	□配 备 □未配备
5	使用车辆情况: ①罐式专用车辆; ②运输有毒、感染性、腐蚀性货物的车辆	①不使用罐式、厢式专用车辆或者压力容器等专用容器运输剧毒化学品、爆炸品; ②不运输普通货物	查看行车日志	□使 用 □未使用 □运普货 □未运输
6	从事食品、生活服务品、药品以外的普通货物运输按规定进行消除危害处理	车辆按规定进行了处理	查阅车辆处理记录	□处 理 □未处理
7	罐体技术状况	罐体在检测合格期内	查看罐体检测报告	□超 期 □未超期
8	罐体使用状况	①运输爆炸品、强腐蚀性危险货物容积不超过 20m³; ②运输剧毒化学品容积不超过 10m³; ③按规定不用移动罐式运输危险货物	查看运单和相关单据	□合 格 □不合格
9	非罐车使用状况	①运输剧毒化学品、爆炸品、强腐蚀性危险货物的非罐车,其核载质量不超过 10t(符合国家有关标准的罐式集装箱除外); ②危险货物与普通货物不得混运	查看运单和相关单据	□使 用 □未使用

续上表

序号	检查内容	检查标准	检查方法	检查结果	
10	危险货物安全防护、环境保护和消防设施设备	配备完善（按国标准配备）	查看危险品运输车辆及相关设备	□配备	□未配备
11	车辆日常检查	正常开展	查阅车辆出入库检查登记	□开展	□未开展
12	车辆按期进行综合性能检测	不超时限	查阅车辆综合性能检测卡	□合格	□不合格
13	车辆按规定年审	按期年审并合格	查阅车辆营运证	□合格	□不合格
14	投保承运人责任险	按规定投保	检查承运人责任险保单	□投保	□未投保
15	标志灯、标识牌、拖地带	安装完好	检查车辆标志灯、标识牌、拖地带	□完好	□损坏
16	车辆紧急断电装置	安装完好	检查车辆断电开关	□完好	□不好
17	车辆装火星熄火装置	安装完好	检查车辆装火星熄火装置	□完好	□不好
18	车载灭火器	配备并在有效期内	检查车载灭火器	□好用	□不好用
19	道路运输危险货物安全卡	规范填写，随车携带	检查安全卡	□合格	□不合格
20	防止货物脱落、扬撒、丢失、燃烧、爆炸、泄漏等	有相关设施设备	查看车辆告及防脱装备	□采取	□未采取
21	停车场地： ①面积； ②场封闭； ③消防和应急设施	①有专用的、封闭的停车场地； ②场地面积达标，设立警示标识； ③配备必要的消防和应急设施	①对照土地使用证或土地租赁合同、场地平面图等资料，实地核查停车场面积； ②实地查看停车场封闭情况； ③对照开业清单，实地核查场内消防设施和应急设施	□建立 □达标 □封闭 □设立 □安装 □好用	□未建立 □未达标 □未封闭 □未设立 □未安装 □不好用

检查人员签字：　　　　　　　　　企业负责人签字：　　　　　　　　　检查时间：年　月　日

第三节　隐患的处理程序和档案要求

一、隐患的处理程序

"隐患"是指危险货物道路运输企业违反安全生产法律、法规、规章、标准、规程、安全生产管理制度的规定，或者其他因素在生产经营活动中存在的可能导致安全事件或事故发生的物的不安全状态、人的不安全行为、生产环境的不良和生产工艺、管理上的缺陷。

《安全生产法》第四十三条规定，生产经营单位的安全生产管理人员应当根据本单位的生产经营特点，对安全生产状况进行经常性检查；对检查中发现的安全问题，应当立即处理；不能处理的，应当及时报告本单位有关负责人，有关负责人应当及时处理。检查及处理情况应当如实记录在案。生产经营单位的安全生产管理人员在检查中发现重大事故隐患，依照本条第一款规定向本单位有关负责人报告，有关负责人不及时处理的，安全生产管理人员可以向负有安全生产监督管理职责的主管部门报告，接到报告的部门应当依法及时处理。

这里的处理包括个人亲自处理，也包括组织现场有关人员一起处理，立即处理有困难的，要采取临时安全措施，并及时报告有关负责人。对于重大安全问题，有关负责人应当立即报告生产经营单位的主要负责人，主要负责人或者有关负责人应当立即召集有关部门或者人员研究安全问题，制订整改方案和安全措施，限期整改。对于某些重大安全问题，因财力困难等原因，生产经营单位不能在短期内整改的，要制订整改计划，同时制订相应的安全措施，防止发生事故，一旦条件成熟，立即实施。

安全隐患的处理程序大致包括"登记→整改→复查→销案"4个环节。

1. 隐患的登记

在隐患登记前，首先需要利用企业自评、主管部门组织专家复议评估等形式确认隐患，并对隐患进行分级（如一般隐患和重大隐患，公司级隐患和班组级隐患等）。对隐患的确认和分级有助于针对性地采取控制措施，集中主要力量解决急需解决的隐患。

一般事故隐患是指危害和整改难度较小，发现后能够立即整改排除的隐患。

重大事故隐患是指危害和整改难度较大，应当全部或者局部停产停业，并经过一定时间整改治理方能排除的隐患，或者因外部因素影响致使生产经营单位自身难以排除的隐患。

2. 隐患的整改处理

针对检查发现的问题，应根据隐患等级的不同，提出立即整改、限期整改等措施要求。一般隐患可以由车队、班组等负责人组织有关人员立即整改，进行整改记录存档。

对于不能及时整改的隐患或者严重隐患则可由负责生产安全的领导负责，由安全生产管理部门会同其他有关部门共同制订整改计划和措施，并编制下发《隐患整改通知书》至相应整改部门，监督其按照要求限期整改或停产。对物质技术条件暂时不具备整改的重大事故隐患，应及时采取有效防范措施,并及时向有关部门上报,经批准后立即停产整改;隐患所在部门负责人签收《隐患整改通知书》后,应按照"四定"原则(定时间、定负责人、定资金来源、定完成期限)按期整改,并做好相应记录台账。其中,《隐患整改通知书》应包括序号、隐患名称、检查时间、原因分析、整改措施、资金来源、要求完成日期、整改负责人、验收人、验收时间、备注等内容。

对于挂牌督办并责令全部或者局部停产停业治理的重大事故隐患,治理工作结束后,公司应当委托具备相应资质的安全评价机构对重大事故隐患的治理情况进行评估。经治理后符合安全生产条件的,公司应当向安全监管监察部门和有关部门提出恢复生产的书面申请,经安全监管监察部门和有关部门审查同意后,方可恢复生产经营。申请报告应当包括治理方案的内容、项目和安全评价机构出具的评价报告等。

对于在安全检查中经常发现的问题或者反复发现的问题,生产经营单位应从规章制度的健全和完善、从业人员的安全教育培训、设备系统的更新改造、加强现场检查和监督等环节入手,做到持续改进,不断提高安全生产管理水平,防范生产安全事故的发生。

3. 整改复查

这部分内容主要是明确整改复查验收的方式、需要复查的内容和记录要求。复查验收方式根据隐患的级别而定,对于一般隐患可以由整改部门负责人进行复查后报上级部门核查,或者由上级部门进行复查,对于重大隐患则需要由公司的安全生产委员会或者上级主管部门联合复查确认。

4. 销案

根据复查结果,注销该隐患,并对相关责任人员进行惩罚和处理,相关记录存入安全隐患整改处理档案中。

安全隐患处理流程示例见表3-4。

安全隐患处理流程(示例)　　　　　　　　　　　表3-4

工 作 内 容	流程图	相关责任岗位
(1)收集信息:专职安全管理人员在每周六10:00之前,收集整理本周安全隐患相关内容并记录到当月的安全隐患排查台账中。 (2)填制通知书:周六11:00之前由专职安全管理人员填写完毕相关部门的《隐患整改通知书》,整改通知书内容必须有①整改内容;②整改建议;③整改时间等。周六12:00之前报公司副总审核《隐患整改通知书》。 (3)下发通知书:周一9:00之前由专职安全管理人员下发公司副总审核通过的《隐患整改通知书》到相关部门部长或内勤,要求接收部门主管或内勤在下发通知书登记簿上签字认可。 (4)消除隐患:①部门主管或内勤要在接到《隐患整改通知书》的第一时间,将整改内容与整改办法及时通知到本部门相关的班组或直接责任整改人;②部门未能整改的隐患内容,在整改期限内必须用便条反馈给安监部未整改隐患的意见。	收集整理 ↓ 报审通知书 ↓ 下发通知书 ↓ 接收	专职安全管理员 本部门主管 整改部门 整改部门

第三章 危险货物道路运输企业安全生产监督管理制度

续上表

工作内容	流程图	相关责任岗位
(5)跟踪整改:依据《隐患整改通知书》的整改期限(整改期限一般为3~4天,特殊情况整改期限另定),专职安全管理人员每日现场跟踪整改情况。 (6)接收整改信息:非特殊情况,周五9:00之前,收集整改部门部长审核签字的《隐患整改通知书》,要求《隐患整改通知书》上必须有整改部门逐项整改反馈信息内容,同时,接收责任人在下发通知书登记簿上签字认可。 (7)复查:周五12:00之前,依据《隐患整改通知书》整改信息反馈,专职安全管理人员进入现场,逐项开展事故隐患整改的复查工作。 (8)处罚:通过复查、验收隐患整改结果,发现被整改部门未在整改期限内(也未出具相关书面的未整改反馈信息),未按照隐患整改建议整改相关隐患事项一项,处罚责任部门部长或副部长50~100元/项,周五15:00之前,专职安全管理人员开具《隐患排查违章违纪处罚通知单》报部门主管审核,18:00之前通知到办公室	复查 → 处罚单开具 → 报办公室 → 下发	专职安全管理员 部门主管审核

注:1.《隐患整改通知书》和《隐患排查违章违纪处罚通知书》涂改无效。
   2.遇节假日/星期天时顺延一天。

二、监督检查档案或台账的记录要求

这方面的内容可以依据《危险货物道路运输企业安全生产档案管理技术要求》(JT/T 914—2014),结合企业的安全生产台账档案管理制度来编写。

完整的隐患排查处理档案应涵盖:①检查日期;②检查部位或场所;③发现隐患的数量、类别和具体情况;④整改措施和完成整改的时间;⑤检查现场照片;⑥负责实施部门或人员及签名等方面内容,具体见表3-5。

安全隐患排除处理登记表   表3-5

序号	排查发现日期	隐患所在部位或场所	隐患概况	隐患类别	主要整改措施	整改期限	责任部门	整改审查结果	审查日期	负责人签字	备注
1											
2											
3											
⋮											

第四章

危险货物道路运输企业安全生产教育培训和从业人员管理制度

本章主要介绍危险货物道路运输企业安全生产教育培训和从业人员管理制度的适用范围、编写内容等。

第四章 危险货物道路运输企业安全生产教育培训和从业人员管理制度

第一节 安全生产教育培训制度

安全生产教育培训是指对企业各级领导、管理人员以及操作工人进行安全思想教育和安全技术知识教育培训。安全思想教育的内容包括国家有关安全生产的方针政策、法律法规和企业的安全生产规章制度。通过教育提高各级领导和广大职工的安全意识、政策水平和法制观念,牢固树立安全第一的思想,并自觉贯彻执行。安全技术知识教育包括一般生产技术知识、一般安全技术知识和专业安全技术知识的教育,安全技术知识寓于生产技术知识之中,在对职工进行安全教育时必须把二者结合起来。

加强从业人员的安全教育培训,提高生产经营单位从业人员对作业风险的辨识、控制、应急处置和避险自救能力,提高从业人员的安全意识和综合素质,是防止发生不安全行为、减少人为失误的重要途径。危险货物道路运输涉及的因素众多,专业知识较强,如危险货物自身的理化特性和危险特性、罐式车辆的结构和主要安全附件使用方法、应急消防设施的使用、相关法律法规及规章的要求等方面,均需要通过充分培训和教育方可让操作人员知悉和正确操作,尤其在当前我国危险货物道路运输从业人员文化程度普遍较低的情况下,安全生产教育培训更是一项重要的工作。

一方面,对从业人员进行安全生产教育培训是从业人员应获得的安全生产权利,也是企业应承担的安全生产义务。《安全生产法》《道路运输条例》《危险化学品安全管理条例》《危规》等多项法律法规及规章,均对企业实施安全生产教育培训提出明确要求,具体见表4-1。安全生产培训企业负主体责任,而主管的、负有安全生产监督管理职责的部门,对企业实施的培训和记录等负有执法监督和考核责任。

法律法规及规章对安全生产教育培训的要求　　　表4-1

法律法规名称	条目	具 体 内 容
安全生产法	第二十五条	生产经营单位应当对从业人员进行安全生产教育和培训,保证从业人员具备必要的安全生产知识,熟悉有关的安全生产规章制度和安全操作规程,掌握本岗位的安全操作技能,了解事故应急处理措施,知悉自身在安全生产方面的权利和义务…… 　　生产经营单位使用被派遣劳动者的,应当将被派遣劳动者纳入本单位从业人员统一管理,对被派遣劳动者进行岗位安全操作规程和安全操作技能的教育和培训。劳务派遣单位应当对被派遣劳动者进行必要的安全生产教育和培训。 　　生产经营单位接收中等职业学校、高等学校学生实习的,应当对实习学生进行相应的安全生产教育和培训,提供必要的劳动防护用品。学校应当协助生产经营单位对实习学生进行安全生产教育和培训。 　　生产经营单位应当建立安全生产教育和培训档案,如实记录安全生产教育和培训的时间、内容、参加人员以及考核结果等情况

续上表

法律法规名称	条目	具体内容
安全生产法	第二十六条	生产经营单位采用新工艺、新技术、新材料或者使用新设备，必须了解、掌握其安全技术特性，采取有效的安全防护措施，并对从业人员进行专门的安全生产教育和培训
道路运输条例	第二十八条	客运经营者、货运经营者应当加强对从业人员的安全教育、职业道德教育，确保道路运输安全
危险化学品安全管理条例	第四条	危险化学品单位应当……对从业人员进行安全教育、法制教育和岗位技术培训。从业人员应当接受教育和培训，考核合格后上岗作业；对有资格要求的岗位，应当配备依法取得相应资格的人员
危规	第四条	危险货物道路运输企业或者单位应当通过岗前培训、例会、定期学习等方式，对从业人员进行经常性安全生产、职业道德、业务知识和操作规程的教育培训

另一方面，安全生产教育培训是从业人员自我保护的重要措施。据权威部门提供的数据，80%以上的安全生产事故是由于员工法制观念不强，安全意识薄弱造成的。不按操作规程作业，未能掌握相应的安全操作技能，在紧急情况下缺乏应急措施和自我保护能力等是最大的安全隐患。员工进入工作岗位后，应了解和熟悉岗位作业环境，提高自己的安全意识，获得安全操作技能，掌握处理和应对紧急或突发情况的本领，从而预防和避免在生产过程中发生事故，保障自身安全和生产的正常进行，做到"三个不伤害"（即不伤害别人、不伤害自己、不被别人伤害）。

企业在制定该项制度时，需要明确以下基本内容。

一、适用范围

安全生产教育培训制度适用范围应包括企业主要负责人、安全生产管理人员、各岗位操作人员（包括驾驶人员、押运人员、装卸管理人员以及特种作业人员等）、新进员工、临时工、培训及实习人员、转岗和内部调动及离岗半年以上的员工。

二、实施主体及其职责分工

《安全生产法》第十八条规定："生产经营单位的主要负责人对本单位安全生产工作负有下列职责……（三）组织制订实施本单位安全生产教育和培训计划。"第二十二条规定："生产经营单位的安全生产管理机构以及安全生产管理人员履行下列职责……（二）组织或者参与本单位安全生产教育和培训，如实记录安全生产教育和培训情况。"所以，通常情况下，企业的安全生产教育培训由主要负责人负责，由企业人力资源部门、安全生产管理机构或者办公室等组织实施，其他职能部门及岗位负责人配合执行。

第四章 危险货物道路运输企业安全生产教育培训和从业人员管理制度

三、企业安全教育培训计划

该条要求主要是明确企业应结合自身情况制订年度、季度或者月底的培训计划,并将其纳入企业安全生产管理计划中去,以便规范公司安全培训的管理,保证安全教育培训工作井然有序地开展和落实,确保培训效果及质量;同时,也提前做好培训相关资金和物资的保障规划。

通常,企业的安全教育培训计划由企业主要负责人组织制订,具体由人力资源部门、安全生产管理机构或者办公室来编写。一项完整的教育培训计划应涵盖培训时间、培训内容、培训对象、培训学时和责任部门以及资金落实等方面。安全教育培训计划编制示例见表4-2,企业可根据实际情况编制。

四、安全教育培训的形式和内容

1. 培训形式

安全教育培训方法与一般教学方法一样,多种多样,各有特点。安全教育培训可采用脱产或不脱产的集中培训、班组学习、技能竞赛、现场教育或讨论、参观学习、观看安全教育片、演习训练等形式。在实际应用中,要根据培训内容和培训对象灵活选择。

安全教育培训的基本形式主要有如下几种。

1)主要负责人和安全生产管理人员的安全生产知识和管理能力考核培训

《安全生产法》第二十四条规定:"生产经营单位的主要负责人和安全生产管理人员必须具备与本单位所从事的生产经营活动相应的安全生产知识和管理能力……道路运输单位的主要负责人和安全生产管理人员,应当由主管的负有安全生产监督管理职责的部门对其安全生产知识和管理能力考核合格。"

因此,企业主要负责人和安全生产管理人员可自主学习或者参加主管部门指定的具有培训资质的机构组织的培训,然后参加负有安全生产监督管理职责的部门组织的培训考核。

2)危险货物道路运输从业人员从业资格培训和继续教育培训

《危规》第八条第三款规定:"有符合下列要求的从业人员和安全管理人员……2.从事道路危险货物运输的驾驶人员、装卸管理人员、押运人员应当经所在地设区的市级人民政府交通运输主管部门考试合格,并取得相应的从业资格证;从事剧毒化学品、爆炸品道路运输的驾驶人员、装卸管理人员、押运人员,应当经考试合格,取得注明为"剧毒化学品运输"或者"爆炸品运输"类别的从业资格证。"

危险货物道路运输从业人员可以自主学习或者参加有培训资质机构组织的教育培训后参加市级人民政府交通运输主管部门组织的从业资格考核,且考试合格取得相应从业资格证件后从事相关运输活动。

安全生产教育培训计划编制示例

表 4-2

序号	培训名称	培训时间	培训对象	培训课时	培训内容	责任部门	资金保证
1	三级安全教育	上岗前	所有新入厂员工	72学时	三级安全教育内容	安全环保处 人力资源部 生产车间	
2	转岗、离岗人员安全教育培训	上岗前	转岗、离岗6个月人员	48学时	车间(队)和班组级培训内容	车间(队、工段)	
3	外来施工安全培训	施工作业前	入厂施工全体人员	8学时	安全规章制度、劳动纪律、安全技术交底、事故案例	安全环保处 项目主管单位	
4	新法律法规标准培训	识别获取后	各级安全生产管理人员	8学时	国家新的有关安全生产法律、法规、标准适用条款	安全环保处	
5	主要负责人和安全管理人员资格证取证、复证培训	根据主管部门通知安排	主要负责人及安全生产管理人员	16学时	国家有关安全生产法律、法规、危险货物运输安全技术知识、事故案例知识、相关应急救援知识、相关事故案例分析	安全环保处（外委）	
6	风险辨识培训	2015年2月份	全体员工	8学时	工作岗位和作业环境中存在的危险、有害因素及采取的控制措施	安全环保处	
7	职业健康培训	2015年3月份	全体员工	8学时	职业健康、卫生防护知识相关知识	安全环保处	
8	班组长安全培训	2015年7月份	班组长	8学时	安全法律法规、班组安全建设方法、班组安全培训内容、事故案例知识、以往任事故案例分析	车间(队、工段) 安全环保处	
9	应急救援及急救知识培训	2015年8月份	全体员工	8学时	应急救援预案、应急器材的使用方法、急救知识	安全环保处 车间(队、工段)	

第四章　危险货物道路运输企业安全生产教育培训和从业人员管理制度

依据《道路运输驾驶人员继续教育办法》(交运发〔2011〕106号),危险货物道路运输驾驶人员应在2年继续教育周期内,接受时间累计不少于24学时的继续教育。继续教育以接受道路运输企业组织并经县级以上道路运输管理机构备案的培训为主。不具备条件的运输企业和个体运输驾驶人员的继续教育工作,由其他继续教育机构承担。继续教育还包括以下形式:经许可的道路运输驾驶人员从业资格培训机构组织的继续教育;交通运输部或省级交通运输主管部门备案的网络远程继续教育;经省级道路运输管理机构认定的其他继续教育形式。

3)企业内部组织的岗前培训、日常教育、特殊教育、外来实习和参观人员的安全教育等主要根据培训对象的性质采取的培训形式,包括:

(1)新进从业人员的三级安全教育培训。

(2)从业人员在本单位内调整工作岗位或离岗一年以上重新上岗时,应当重新接受车间(工段、区、队)和班组级的安全教育培训。

(3)实施新工艺、新技术或者使用新设备、新材料时,应当对有关从业人员重新进行有针对性的安全教育培训。

(4)日常经常性的教育培训。

2.培训内容

1)《安全生产法》规定企业安全教育培训的内容

(1)安全生产的方针、政策、法律、法规以及安全生产规章制度的教育和培训。

(2)安全操作技能的教育和培训,我国目前一般实行入厂教育、车间教育和现场教育的三级教育培训,通过教育培训,使从业人员掌握与所从事工作相关的安全生产技术和安全操作技能。

(3)安全技术知识教育和培训,包括一般性安全技术知识,如单位生产过程中不安全因素及其规律、预防事故的基本知识、个人防护用品和用具的正确使用、发生生产安全事故时的急救措施和事故的报告程序,以及专业性的安全技术知识,如防火、防爆、防毒等知识。

(4)对特种作业人员的安全生产教育和培训。

2)《道路危险货物运输从业人员考试大纲》规定的危险货物道路运输驾驶人员从业资格考试内容

(1)掌握危险货物道路运输的相关法规常识。

(2)掌握常见危险货物的分类和相关特性。

(3)了解危险货物道路运输包装常识。

(4)掌握危险货物道路运输车辆基本要求。

(5)熟悉常见危险货物应急处理措施。

3)《道路危险货物运输从业人员考试大纲》规定的危险货物道路运输押运人员从业资格考试内容

(1)掌握危险货物道路运输的相关法规常识。

（2）掌握常见危险货物的分类和相关特性。
（3）掌握危险货物道路运输包装常识和押运安全知识。
（4）了解危险货物装卸基本常识。
（5）了解危险货物道路运输车辆基本要求。
（6）熟悉常见危险货物应急处理措施。

4）《道路危险货物运输从业人员考试大纲》规定的危险货物道路运输装卸管理人员从业资格考试内容

（1）了解危险货物道路运输的相关法规常识。
（2）掌握常见危险货物的分类和相关特性。
（3）掌握危险货物道路运输包装常识和装卸安全知识。
（4）了解危险货物装卸基本常识。
（5）熟悉常见危险货物应急处理措施。

5）企业主要管理人员的安全教育培训内容

（1）企业主要负责人的教育培训内容。

①可根据实际情况进行培训内容的调整和增加，不局限于以下所列内容。

a.国家有关安全生产的方针、政策、法律和法规及有关行业的规章、规程、规范和标准。

b.企业安全生产管理制度编制要点和基本内容要求。

c.安全生产管理的基本知识、方法与安全生产技术。

d.公司常运危险货物的理化性质、职业危害及其预防措施。

e.典型事故案例分析、安全管理形势分析。

f.国内外先进的安全生产管理经验。

g.劳动防护用品（器具）以及消防器材的正确使用方法。

h.重大事故防范、应急救援措施及调查处理方法，重大危险源管理与应急救援预案编制原则。

②再培训的主要内容是新知识、新技术和新本领的使用，包括：

a.有关安全生产的法律、法规、规章、规程、标准和政策。

b.安全生产的新技术、新知识。

c.安全生产管理经验。

d.典型事故案例。

（2）安全生产管理人员的教育培训。

①培训的主要内容：

a.国家有关安全生产的方针、政策、法律、法规及有关行业的规章、规程、规范和标准。

b.安全生产管理知识、安全生产技术、劳动卫生知识和安全文化知识，有关行业安全生产管理专业知识。

c.工伤保险的政策、法律、法规。

第四章 危险货物道路运输企业安全生产教育培训和从业人员管理制度

d. 伤亡事故和职业病统计、报告及调查处理方法。

e. 事故现场勘验技术以及应急处理措施。

f. 重大危险源管理与应急救援预案编制。

g. 国内外先进的安全生产管理经验。

h. 典型事故案例分析。

②再培训的主要内容是新知识、新技术和新本领的使用,包括:

a. 有关安全生产的法律、法规、规章、规程、标准和政策。

b. 安全生产的新技术、新知识。

c. 安全生产管理经验。

d. 典型事故案例。

(3)新从业人员、调整工作岗位或离岗1年以上重新上岗的从业人员教育培训。

对新从业人员应进行厂、车间(工段、区、队)、班组三级安全生产教育培训,具体培训内容见表4-3。从业人员调整工作岗位或离岗1年以上重新上岗时,应进行相应的车间(工段、区、队)级安全生产教育培训。企业实施新工艺、新技术或使用新设备、新材料时,应对从业人员进行有针对性的安全生产教育培训。

三级教育培训的主要培训内容　　　　表4-3

级　　别	培　训　内　容
厂级	①国家安全生产法律法规和方针政策; ②本单位安全生产情况及安全生产基本知识; ③本单位安全生产规章制度和劳动纪律; ④劳动防护知识、消防安全基本知识培训及消防器材的使用; ⑤作业场所和工作岗位存在的危险因素、防范措施及事故应急措施; ⑥从业人员安全生产权利和义务; ⑦有关事故案例等
车间(工段、区、队)级	①作业场所和工作岗位存在的危险因素; ②本车间(工段、区、队)安全生产状况和规章制度; ③所从事工种可能遭受的职业伤害和伤亡事故; ④所从事工种的安全职责、操作技能及强制性标准; ⑤自救互救、急救方法、疏散和现场紧急情况的处理; ⑥安全(消防)设备设施、个人防护用品的使用和维护; ⑦预防事故和职业危害的措施及应注意的安全事项; ⑧事故案例等
班组级	①本班组安全生产状况及规章制度; ②本班组生产性质特点和岗位安全操作规程; ③岗位之间工作衔接配合的安全与职业卫生事项; ④使用设备状况性能及安全防护、保养知识; ⑤生产设备、安全装置、劳动防护用品(用具)的正确使用方法; ⑥安全生产事故案例和其他需要培训的内容

(4)岗前培训的主要内容。

可根据实际情况进行培训内容的调整和增加,不局限于以下所列内容:

①国家危险货物道路运输有关安全法律、法规、规章及标准。

②职业道德教育。

③常运危险货物理化特性及其他基本常识。

④本企业运输生产特点,企业安全生产管理制度以及安全生产基本知识。

⑤安全行车知识。

⑥安全设备设施、劳动防护用品(器具)及消防器材的类型、使用、维护方法。

⑦典型事故案例的警示教育。

⑧事故预防和职业危害防护的主要措施及应注意的安全事项。

⑨应急处置知识和应急设施与设备操作使用常识。

⑩岗位主要危险因素、岗位责任制、岗位安全操作规程等。

(5)日常教育培训的主要内容。

可根据实际情况进行培训内容的调整和增加,不局限于以下所列内容:

①安全思想和安全技术遵章守纪教育。

②道路运输危险货物的相关法律、法规、规章以及安全生产文件通报与学习等。

③危险货物的基本理化特性以及运输常识。

④安全设施设备、劳动防护用品(器具)等的正确操作和维护学习。

⑤有关安全管理,安全技术,职业健康知识的教育和学习。

⑥安全检查及事故隐患排查整治分析及对策措施。

⑦危险货物运输事故案例分析和预防措施。

⑧安全生产讲评、先进安全管理经验、安全操作经验学习。

⑨异常情况紧急处置、事故应急预案、演练要求及经验总结。

⑩安全生产先进集体(个人)的评选奖励,违规违纪人员的查处。

⑪事故上报及处理基本要求,以及安全事故"四不放过"。

⑫其他安全教育内容。

五、安全教育培训档案或台账的记录要求

这方面的内容可以依据《危险货物道路运输企业安全生产档案管理技术要求》(JT/T 914—2014),结合企业的安全生产台账档案管理制度来编写。一方面包含企业组织安全生产教育培训的记录;另一方面是管理人员、从业人员、新进员工等接受安全生产教育培训的记录,且该记录应随其他从业人员信息记录到从业人员档案中。企业实施安全生产教育培训的档案或台账,应包括培训时间、培训地点、授课人、培训内容、参加培训人员的签名等,见表4-4。

第四章 危险货物道路运输企业安全生产教育培训和从业人员管理制度

安全教育培训记录表　　　　　　　　　　表4-4

类别			授课人			
学时			培训时间			
地点			参加人数		缺课人数	
培训内容						
序　号	姓　名	性　别	岗位或工种	成　绩	签　名	
1						
2						
3						
4						

六、需明确的其他内容

对于培训效果的度量和培训质量的评价,企业通常会采取考试考核等方式。所以培训的考试考核是安全生产教育培训制度中不可或缺的部分。企业一方面可以单独制定安全生产培训考核制度,或者在该项目制度中明确考核的具体要求。

培训考核制度的内容应涵盖考核试卷的制卷部门、试题的主要类型、合格成绩评定方法、考核不合格以及未及时参加考核而需补考等情况的处理方法。考核成绩的登记和公布,以及考核的档案或台账记录要求,包括考核时间、考核试卷和答案、考核成绩、阅卷人、违章违纪处理情况等。

第二节　从业人员安全管理制度

从业人员是道路运输系统的主要研究对象。在道路运输过程中,与普通货物相比,因危险货物具有爆炸、易燃、毒害、腐蚀等危险特性,在运输、装卸整个过程中稍有不慎,便可能造成人员伤亡、财产损失和环境污染,因此,从事危险货物道路运输的从业人员都必须具有良好的职业道德及较高的专业技能素质。在企业安全生产管理中,人是最活跃最关键的要素,道路运输系统中的各种要素都是围绕这个特殊的要素进行设计和运作。一方面,安全管理的根本任务是防止人员发生伤亡事故和职业伤害;另一方面,导致事故发生的主要原因又是人员的不安全行为,因此,人员管理是生产经营单位安全管理活动的核心。

由各类事故发生的主要原因分析可知,80%以上的事故是由人的不安全行为造成。因此,加强人员安全教育培训,提高人员安全素质,规范作业安全管理,控制人员不安全行为是人员安全管理的基本任务。由于从业人员安全生产教育培训的要求已在企业安全生产教育培训制度中明确,本条制度制定的目的主要是规范企业的从业人员录用招聘、从业资格证件的管理及解聘等人事管理要求。

企业在编制该项制度时,至少应明确以下内容。

一、适用范围

本制度适用于危险货物道路运输企业聘用的专职安全管理人员、驾驶人员、押运人员和装卸管理人员的安全管理。

二、实施主体及职责分工

企业的从业人员管理通常属于人力资源部门的职责范围,由人力资源部门负责从业人员的招聘、录用、解聘等环节的工作。

三、招聘内容及要求等

常见的人员招聘工作标准流程大致分为4个阶段,如图4-1所示。

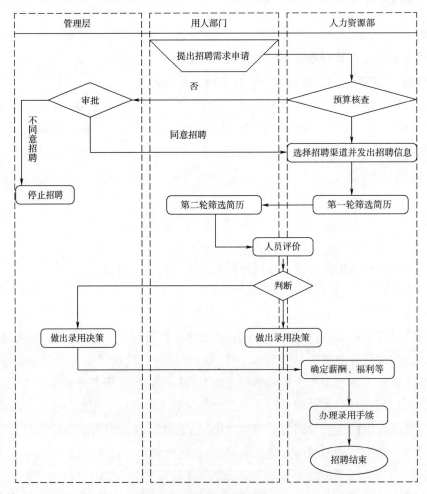

图 4-1 企业人事招聘流程图(示例)

第一阶段:确定人员需求阶段。

第二阶段:制订招聘计划阶段。

第四章　危险货物道路运输企业安全生产教育培训和从业人员管理制度

第三阶段：人员甄选阶段。

第四阶段：招聘评估阶段。

首先，用人部门提出招聘需求申请，填写《用人申请表》等资料，告知企业人力资源部门其需要的人员数量、任职资格条件等要求。人力资源部门报企业管理层审批，若同意则进入第二阶段。人力资源部门拟定招聘计划和招聘内容，内容应涵盖本企业的基本情况、招聘岗位、应聘人员的基本条件（包括从业资格条件等）、报名方式、报名时间、地点、报名时需携带的证件、材料以及其他注意事项，并通过合适的渠道（网上、人才交流市场等）发布招聘信息。

人力资源部门收集应聘人员信息和资料，对材料进行初步筛选。核查内容包括道路运输危险货物从业资格条件、驾驶证、年龄、学历及身体状况要求、业务技术要求（如驾龄、安全行车经历等）和安全违章违记录等。

其中，《危规》和《道路运输从业人员管理规定》中对从事危险货物道路运输的驾驶人员的从业资格要求具体如下：

a. 驾驶人员取得相应机动车驾驶证，年龄不超过60周岁。

b. 3年内无重大以上交通责任事故；如申请人驾龄不满3年，即为其初次申领驾驶证日起无重大以上交通责任事故记录证明。

c. 取得经营性道路旅客运输或者货物运输驾驶人员从业资格2年以上。

d. 接受相关法规、安全知识、专业技术、职业卫生防护和应急救援知识的培训，了解危险货物性质、危害特征、包装容器的使用特性和发生意外时的应急措施。

e. 取得相应的从业资格证件。从事危险货物道路运输的驾驶人员应当经所在地设区的市级人民政府交通运输主管部门考试合格，并取得相应的从业资格证。从事剧毒化学品、爆炸品道路运输的驾驶人员，应当经考试合格，取得注明为"剧毒化学品运输"或者"爆炸品运输"类别的从业资格证。

危险货物道路运输装卸管理人员和押运人员应当符合下列条件：

a. 年龄不超过60周岁，初中以上学历。

b. 接受相关法规、安全知识、专业技术、职业卫生防护和应急救援知识的培训，了解危险货物性质、危害特征、包装容器的使用特性和发生意外时的应急措施。

c. 经考试合格，取得相应的从业资格证。从事危险货物道路运输的装卸管理人员、押运人员应当经所在地设区的市级人民政府交通运输主管部门考试合格，并取得相应的从业资格证；从事剧毒化学品、爆炸品道路运输的装卸管理人员、押运人员，应当经考试合格，取得注明为"剧毒化学品运输"或者"爆炸品运输"类别的从业资格证。

除了上述法定要求的从业资格条件外，企业可以根据自身情况制定更为细致的用人要求。

对初步筛选出的人员，人力资源部门可以会同用人部门进行复试（面试）。复试的形式可结合企业自身情况确定，比如是否需要进行驾驶操作的面试，是否需要进行笔试等内容。企业管理层、用人部门和人力资源部门根据复试成绩综合判断，确定录用人员名单。

拟录用人员根据录用报到程序(应包括报到时限、报到提交材料等)办理录用手续,提交相关材料(包括驾驶证复印件、从业资格证复印件等),并按照要求进行体检或其他检查,如图 4-2 所示。经试用都符合条件后与其签订劳动合同,办理社会保险,转正为正式员工,如图 4-3 所示。同时,为该从业人员建立从业人员信息档案。

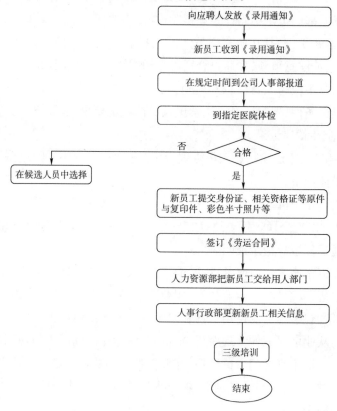

图 4-2　从业人员录用流程(示例)

四、从业人员信息

对企业安全管理人员、驾驶人员、押运人员和装卸管理人员以及其他人员分别建立信息档案是规范化人员管理的主要措施。根据《危险货物道路运输企业安全生产档案管理技术要求》(JT/T 914—2014)的规定,危险货物道路运输企业管理人员的档案信息,应至少包括:法定代表人、主要负责人和分管安全的负责人姓名、性别、出生年月日、学历、职务/职称、简历等基本信息。专职安全管理人员的档案信息应至少包括:专职安全管理人员的姓名、性别、出生年月日、学历、职务/职称、简历等基本信息及资格证复印件。危险货物道路运输从业人员,即驾驶人员、押运人员、装卸管理人员应至少包括下列内容:

　　a. 劳动关系合同。
　　b. 姓名、性别、出生年月日、学历、岗位、简历等基本信息。
　　c. 身份证、机动车驾驶证、从业资格证复印件。
　　d. 从业情况记录(包括诚信考核记录、违法、违章、事故记录)。

第四章 危险货物道路运输企业安全生产教育培训和从业人员管理制度

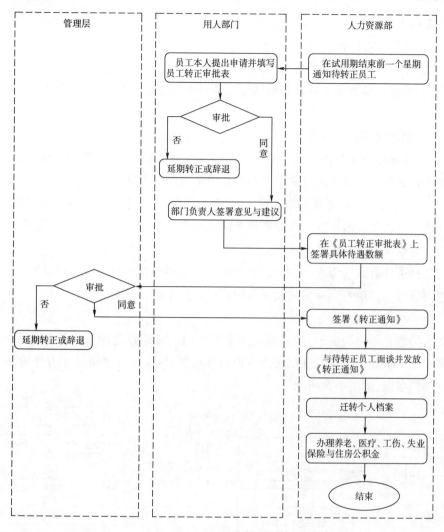

图 4-3 从业人员转正流程(示例)

五、资格证管理程序

加强对危险货物道路运输从业人员从业资格的管理,是提高从业人员综合素质,减少道路运输安全生产事故,确保道路运输安全的重要前提。从业资格证件是危险货物道路运输从业人员从事危险货物道路运输经营活动的法定证件,是实施道路运输行业管理的有效载体,是保证从业人员业务技术素质和职业道德的重要手段。

根据《道路运输从业人员管理规定》的要求,危险货物道路运输从业人员从业资格考试由设区的市级人民政府交通主管部门组织实施,每季度组织一次考试。

道路运输从业人员从业资格考试按照交通运输部编制的考试大纲、考试题库、考核标准、考试工作规范和程序组织实施。考试内容具体见《道路危险货物运输从业人员从业资格考试大纲》。申请参加危险货物道路运输驾驶人员从业资格考试的,应当向其户籍地或者暂住地设区的市级交通主管部门提出申请,填写《道路危险货物运输从业人员从业资格考试申

请表》,并提供下列材料:

(1)身份证明及复印件。

(2)机动车驾驶证及复印件。

(3)道路旅客运输驾驶人员从业资格证件或者道路货物运输驾驶人员从业资格证件及复印件。

(4)相关培训证明及复印件。

(5)道路交通安全主管部门出具的3年内无重大以上交通责任事故记录证明。

交通主管部门和道路运输管理机构对符合申请条件的申请人应当安排考试。考试结束10日内公布考试成绩。对考试合格人员,应当自公布考试成绩之日起10日内颁发相应的道路运输从业人员从业资格证件。从业资格考试成绩有效期为1年,考试成绩逾期作废。

1. 从业资格证有效期及换证手续

从业资格证件有效期为6年,有效期届满30日前到原发证机关办理换证手续。从业资格证件遗失、毁损的,应当到原发证机关办理证件补发手续,如图4-4所示。

2. 从业资格证的变更和备案

从业人员服务单位变更的,应当到交通主管部门或者道路运输管理机构办理从业资格证件变更手续。从业人员在发证机关所在地以外从业,且从业时间超过3个月的,应当到服务地管理部门备案,如图4-5所示。

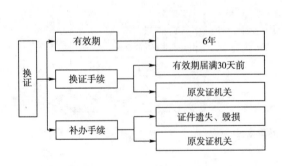

图4-4 从业资格证的换证和补办

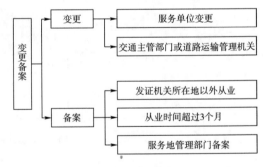

图4-5 从业资格证的变更和备案

3. 从业资格证的注销

从业人员有下列情形之一的,由发证机关注销其从业资格证件,如图4-6所示。

凡被注销的从业资格证件,应当由发证机关予以收回,公告作废并登记归档;无法收回的,从业资格证件自行作废。

其中,根据《机动车驾驶证申领和使用规定》(公安部令2016年139号)第七十七条规定,机动车驾驶人具有下列情形之一的,车辆管理所应当注销其机动车驾驶证:

(1)死亡的。

(2)提出注销申请的。

(3)丧失民事行为能力,监护人提出注销申请的。

第四章　危险货物道路运输企业安全生产教育培训和从业人员管理制度

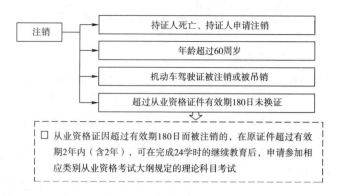

图 4-6　从业资格证的注销

（4）身体条件不适合驾驶机动车的。

（5）有器质性心脏病、癫痫病、美尼尔氏症、眩晕症、癔症、震颤麻痹、精神病、痴呆以及影响肢体活动的神经系统疾病等妨碍安全驾驶疾病的。

（6）被查获有吸食、注射毒品后驾驶机动车行为，正在执行社区戒毒、强制隔离戒毒、社区康复措施，或者长期服用依赖性精神药品成瘾尚未戒除的。

（7）超过机动车驾驶证有效期1年以上未换证的。

（8）年龄在70周岁以上，在一个记分周期结束后1年内未提交身体条件证明的；或者持有残疾人专用小型自动挡载客汽车准驾车型，在三个记分周期结束后1年内未提交身体条件证明的。

（9）年龄在60周岁以上，所持机动车驾驶证只具有无轨电车或者有轨电车准驾车型；或者年龄在70周岁以上，所持机动车驾驶证只具有低速载货汽车、三轮汽车、轮式自行机械车准驾车型的。

（10）机动车驾驶证依法被吊销或者驾驶许可依法被撤销的。

4.从业资格证的吊销

根据《道路运输从业人员管理规定》第五十条规定，道路运输从业人员有如图4-7所列不具备安全条件情形之一的，由发证机关吊销其从业资格证件。

被吊销的从业资格证件应当由发证机关公告作废并登记归档。

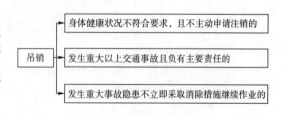

图 4-7　从业资格证的吊销

六、参加安全教育培训学习和安全活动记录

对从业人员进行安全教育培训是危险货物道路运输企业的法定义务，具体内容可参考安全生产教育培训制度。在编写这部分内容时，可以直接引用安全生产教育培训制度的相关内容，重点对从业人员接受的安全教育培训情况进行记录，并存入其信息档案中。其中，新进员工的三级安全教育培训登记卡见表4-5。

从业人员三级安全教育培训登记卡　　　　　表4-5

厂级岗前安全培训				
厂级安全教育培训内容： 　1.国家安全生产法律法规和方针政策；　　　　　　　　　　　□ 　2.本单位安全生产情况及安全生产基本知识；　　　　　　　□ 　3.本单位安全生产规章制度和劳动纪律；　　　　　　　　　□ 　4.劳动防护知识、消防安全基本知识培训及消防器材的使用；□ 　5.作业场所和工作岗位存在的危险因素、防范措施及事故应急措施；□ 　6.从业人员安全生产权利和义务；　　　　　　　　　　　　□ 　7.有关事故案例等　　　　　　　　　　　　　　　　　　　□				
培训时间		培训学时	考核成绩	
培训人		受培训人(签名)		
车间岗前安全培训				
车间级安全教育培训内容： 　1.作业场所和工作岗位存在的危险因素；　　　　　　　　　□ 　2.本车间(工段、区、队)安全生产状况和规章制度；　　　□ 　3.所从事工种可能遭受的职业伤害和伤亡事故；　　　　　　□ 　4.所从事工种的安全职责、操作技能及强制性标准；　　　　□ 　5.自救互救、急救方法、疏散和现场紧急情况的处理；　　　□ 　6.安全(消防)设备设施、个人防护用品的使用和维护；　　□ 　7.预防事故和职业危害的措施及应注意的安全事项；　　　　□ 　8.事故案例等				
分配车间时间		培训时间		
培训学时		考核成绩		
培训人		受培训人(签名)		
班组岗前安全培训				
班组安全教育培训内容： 　1.本班组安全生产状况及规章制度；　　　　　　　　　　　□ 　2.本班组生产性质特点和岗位安全操作规程；　　　　　　　□ 　3.岗位之间工作衔接配合的安全与职业卫生事项；　　　　　□ 　4.使用设备状况性能及安全防护、保养知识；　　　　　　　□ 　5.生产设备、安全装置、劳动防护用品(用具)的正确使用方法；□ 　6.安全生产事故案例和其他需要培训的内容　　　　　　　　□				
分配班组时间		培训时间		
培训学时		考核成绩		
培训人		受培训人(签名)		

七、违法、违章、违纪情况

　　这部分内容可以结合安全生产考核与奖惩制度的相关内容来编制。一是需要明确哪些属于违法、违章的行为，二是根据企业制定的操作规程和安全管理制度，明确违纪情况的大致范围，以便从业人员能够在执行运输任务过程中知道哪些行为需要避免。

　　此外，根据《道路运输从业人员管理规定》和《道路运输驾驶人员诚信考核办法(试

第四章 危险货物道路运输企业安全生产教育培训和从业人员管理制度

行)》,我国对危险货物道路运输从业人员实行诚信考核制度,其违章行为会记录在从业资格证的违章记录栏内,并通报发证机关。发证机关应当将该记录作为道路运输从业人员诚信考核和计分考核的依据,并存入管理档案。

诚信考核违章记录的计分标准如下。

1. 道路运输驾驶人员有下列情形之一的,一次计20分

(1)从事道路运输经营活动,发生重大以上道路交通事故,且负同等责任的。

(2)转让、出租从业资格证件的。

(3)超越从业资格证件核定范围,从事道路运输活动的。

(4)驾驶未取得《道路运输证》的危险货物运输车辆,从事危险货物道路运输的。

(5)本次诚信考核过程中或者上一次诚信考核等级签注后,发现其有弄虚作假、隐瞒相关诚信考核情况,且情节严重的。

2. 道路运输驾驶人员有下列情形之一的,一次计10分

(1)从事道路运输经营活动,发生重大以上道路交通事故,且负次要责任的。

(2)擅自涂改、伪造、变造从业资格证件上相关记录的。

(3)有受到省级及以上交通运输主管部门或者道路运输管理机构通报批评的服务质量记录的。

3. 道路运输驾驶人员有下列情形之一的,一次计5分

(1)超越《道路运输证》上注明的经营类别或者经营范围,从事道路运输经营活动的。

(2)驾驶擅自改装的车辆,从事道路运输经营活动的。

(3)驾驶的危险货物运输车辆未按照危险化学品的特性采取必要安全防护措施的。

(4)有受到设区的市级交通运输主管部门或者道路运输管理机构通报批评的服务质量记录的。

4. 道路运输驾驶人员有下列情形之一的,一次计3分

(1)没有采取必要措施防止货物脱落、扬撒的。

(2)驾驶未按规定维护、检测的车辆,从事道路运输经营活动的。

(3)驾驶未按规定投保承运人责任险的车辆,从事危险货物道路运输经营活动的。

(4)无正当理由超过规定时间30日以上未签注诚信考核等级的。

(5)超过规定时间30日以上未参加继续教育培训的。

(6)有受到县级交通运输主管部门或者道路运输管理机构通报批评的服务质量记录的。

5. 道路运输驾驶人员有下列情形之一的,一次计1分

(1)未按规定携带《道路运输证》《道路运输从业人员从业资格证》,从事道路运输经营活动的。

(2)服务单位变更,未申请办理从业资格证件变更手续的。

(3)危险货物道路运输驾驶人员未按规定填写行车日志的。

(4)超过规定时间,未签注诚信考核等级,且未达30日的。

(5)超过规定时间,未参加继续教育培训,且未达30日的。

依据《危规》的要求,下列行为会受到不同等级的行政和刑事处理,危险货物道路运输从业人员在执行其运输作业时需要遵守,具体见表4-6。

危险货物道路运输违法违章行为处罚要求　　　　　表4-6

违法行为	处罚规定
(1)未取得道路危险货物运输许可,擅自从事道路危险货物运输的; (2)使用失效、伪造、变造、被注销等无效道路危险货物运输许可证件从事道路危险货物运输的; (3)超越许可事项,从事道路危险货物运输的; (4)非经营性道路危险货物运输单位从事道路危险货物运输经营的	由县级以上道路运输管理机构责令停止运输经营,有违法所得的,没收违法所得,处违法所得2倍以上10倍以下的罚款;没有违法所得或者违法所得不足2万元的,处3万元以上10万元以下的罚款;构成犯罪的,依法追究刑事责任
非法转让、出租道路危险货物运输许可证件的	由县级以上道路运输管理机构责令停止违法行为,收缴有关证件,处2 000元以上1万元以下的罚款;有违法所得的,没收违法所得
(1)未投保危险货物承运人责任险的; (2)投保的危险货物承运人责任险已过期,未继续投保的	由县级以上道路运输管理机构责令限期投保;拒不投保的,由原许可机关吊销《道路运输经营许可证》或者《道路危险货物运输许可证》,或者取消相应的经营范围
不按照规定随车携带《道路运输证》的	由县级以上道路运输管理机构责令改正,处警告或者20元以上200元以下的罚款
(1)驾驶人员、装卸管理人员、押运人员未取得从业资格上岗作业的; (2)未根据危险化学品的危险特性采取相应的安全防护措施,或未配备必要的防护用品和应急救援器材的	由县级以上道路运输管理机构责令改正,并处5万元以上10万元以下的罚款;拒不改正的,责令停产停业整顿;构成犯罪的,依法追究刑事责任
未配备专职安全管理人员的	由县级以上道路运输管理机构责令改正,可以处1万元以下的罚款;拒不改正的,对危险化学品运输企业或单位处1万元以上5万元以下的罚款,对运输危险化学品以外其他危险货物的企业或单位处1万元以上2万元以下的罚款
擅自改装已取得《道路运输证》的专用车辆及罐式专用车辆罐体的	由县级以上道路运输管理机构责令改正,并处5000元以上2万元以下的罚款

八、调离辞退的条件、标准及程序

在编写本项内容时,一是需要明确从业人员在出现哪些行为时需要调离或者辞退,比如驾驶人员交通违法记满分、诚信考核不合格以及从业资格证被吊销的人员需要辞退等。二是对从业人员的违法、违章、违纪行为进行复核,符合辞退条件的,进入辞退流程。辞退流程应该涵盖拟调离或辞退从业人员的上报、审批程序,调离和辞退的具体流程,比如应办理的各项手续(如车辆的交接、劳动保护用品的交接、相关人事档案的转移等)等。

第五章

危险货物道路运输企业车辆设备管理制度

本章主要介绍危险货物道路运输企业专用车辆安全管理制度、安全设施设备（停车场）管理制度及车辆卫星定位监控系统管理制度。

第五章　危险货物道路运输企业车辆设备管理制度

第一节　专用车辆安全管理制度

车辆是危险货物道路运输的主要载体,其合法性及安全技术状况将直接关系到危险货物运输的安全性和高效性。道路运输车辆技术管理,是指对道路运输车辆在保证符合规定的技术条件和按要求进行维护、修理、综合性能检测方面所做的技术性管理,具体是指对从事道路运输车辆从选购直至报废的全过程管理。从广义上讲,是指对车辆规划、选配使用、检测、维修、改装、改造、更新与报废全过程的综合性管理。其中,车辆规划、选配、新车接收以及车辆使用前的准备等都是车辆的前期管理;车辆使用、检测、维护、修理等是车辆的中期管理;车辆技术装备管理、车辆技术档案管理、车辆技术状况登记鉴定管理、车辆技术经济定额指标管理以及车辆停放、租赁、停驶、封存和折旧等,都属于车辆技术管理的范畴。车辆技术管理的目的是为运输提供安全、优质、高效、低耗、及时、舒适的运输力,保证车辆在使用中的良性循环,确保车辆运行安全,使车辆更好地为运输生产和人们生活服务。

对道路运输车辆进行技术管理是法律法规及规章赋予危险货物道路运输企业的职责。比如,《安全生产法》第三十四条要求,运输工具必须由专业生产单位生产,并经具备专业资质的检测、检验机构检测、检验合格等。《道路运输车辆技术管理规定》(交通运输部令2016年第1号)的颁布,明确了道路运输经营者是车辆技术管理的责任主体,要求其根据车辆数量和经营类别合理地设置部门,配备人员,有效地实施车辆从择优选配、正确使用、周期维护、视情修理、定期检测和适时更新的全过程管理。部分法律法规及规章的要求见表5-1。

法律法规及规章对车辆管理的要求　　　　表5-1

法律法规名称	条　目	具　体　内　容
安全生产法	第三十四条	生产经营单位使用的危险物品的容器、运输工具……必须按照国家有关规定,由专业生产单位生产,并经具有专业资质的检测、检验机构检测、检验合格,取得安全使用证或者安全标志,方可投入使用
危险化学品安全管理条例	第四十七条	通过道路运输危险化学品的,应当按照运输车辆的核定载质量装载危险化学品,不得超载。 危险化学品运输车辆应当符合国家标准要求的安全技术条件,并按照国家有关规定定期进行安全技术检验。 危险化学品运输车辆应当悬挂或者喷涂符合国家标准要求的警示标志
危规	第二十一条	道路危险货物运输企业或者单位,应当按照《道路运输车辆技术管理规定》中有关车辆管理的规定,维护、检测、使用和管理专用车辆,确保专用车辆技术状况良好

续上表

法律法规名称	条目	具体内容
道路运输车辆技术管理规定	第四条	道路运输经营者是道路运输车辆技术管理的责任主体,负责对道路运输车辆实行择优选配、正确使用、周期维护、视情修理、定期检测和适时更新,保证投入道路运输经营的车辆符合技术要求
	第十条	道路运输经营者应当遵守有关法律法规、标准和规范,认真履行车辆技术管理的主体责任,建立健全管理制度,加强车辆技术管理
	第十三条	道路运输经营者应当根据有关道路运输企业车辆技术管理标准,结合车辆技术状况和运行条件,正确使用车辆
	第十四条	道路运输经营者应当建立车辆技术档案制度,实行一车一档
	第十五条	道路运输经营者应当建立车辆维护制度。车辆维护分为日常维护、一级维护和二级维护。日常维护由驾驶人员实施,一级维护和二级维护由道路运输经营者组织实施,并做好记录
	第十六条	道路运输经营者应当依据国家有关标准和车辆维修手册、使用说明书等,结合车辆类别、车辆运行状况、行驶里程、道路条件、使用年限等因素,自行确定车辆维护周期,确保车辆正常维护。 ……道路运输经营者可以对自有车辆进行二级维护作业,保证投入运营的车辆符合技术管理要求,无须进行二级维护竣工质量检验。道路运输经营者不具备二级维护作业能力的,可以委托二类以上机动车维修经营者进行二级维护作业。机动车维修经营者完成二级维护作业后,应当向委托方出具二级维护出厂合格证

之所以构建车辆检查维护制度,是因为道路运输车辆投入营运使用后,其机械部件会随着使用而磨损,降低车辆性能,容易引发运输事故;并且车辆性能的好坏,也直接影响道路运输的效率和节能程度。因此,危险货物道路运输企业或单位应对车辆进行经常性维护,保证道路运输车辆保持良好的技术状况,将极大地提高道路运输车辆的安全管理水平,减少事故发生概率,提高车辆燃油使用效率和运输效率,减少车辆污染排放。

在制定本项制度时,应包含如下基本内容。

一、适用范围

本制度制定的目的是规范企业在履行道路运输车辆技术管理主体责任时,应负责地择优选配、正确使用、周期维护、视情修理、定期检测和适时更新车辆,以确保投入道路运输经营的车辆符合技术要求。所以,该制度的适用范围应该是与运输车辆择优选配、正确使用、周期维护、视情修理、定期检测和适时更新这几个过程中所涉及的管理人员和具体操作人员,包括企业主要负责人、车辆技术管理部门的负责人以及驾驶人员和押运人员等。

二、实施主体及职责分工

车辆技术管理主要包括选配、使用、维护、修理、检测和报废等环节,所以,必须从这几个

第五章 危险货物道路运输企业车辆设备管理制度

方面,结合企业的安全生产责任制和组织机构,分配对应的实施主体及其职责分工要求,包括企业主要负责人的车辆技术管理职责、车辆技术管理部门负责人的职责、驾驶人员的职责和其他相关人员的职责。

三、车辆选配及报废管理

该条主要是从择优选配和适时更新两个方面来管理危险货物运输车辆的进入和报废。一方面需要在制度中明确能够从事危险货物道路运输的车辆应达到的技术和管理标准(包括车辆的类型、数量及质量要求),明确车辆的具体选配程序(包括车辆购买申请、审批等),可以根据企业具体情况添加;另一方面,需要在制度中,明确车辆报废条件和报废注销的基本程序。

(一)车辆择优选配

车辆择优选配是指企业在购置车辆时,综合考虑运输市场、汽车市场和企业的具体情况等方面因素后,正确配置企业的营运车辆。由于车辆在设计时是根据不同的道路和气候等运输条件而赋予了不同的使用性能,企业在选配时应以提高车辆的投资效益为出发点,从使用条件、气候条件、车辆性价比、售后服务及维修等方面进行技术经济论证。

当然,企业在选购从事危险货物道路运输的车辆时,首先必须符合法律法规及规章对危险货物道路运输车辆的具体要求。在《危规》和《道路运输车辆技术管理规定》等多项部门规章中均对危险货物道路运输车辆的技术要求、车型要求等提出明确规定,具体如下。

1. 车辆技术要求

危险货物道路运输车辆的技术要求见表5-2。

危险货物道路运输车辆的技术要求　　　　　表5-2

序　号	车辆技术指标	标　准
1	技术条件	《机动车运行安全技术条件》(GB 7258)
2	外廓尺寸、轴荷和最大允许总质量	《道路车辆外廓尺寸、轴荷及质量限值》(GB 1589)
3	技术性能	《道路运输车辆综合性能要求和检验方法》(GB 18565)
4	燃料消耗量限值	《营运货车燃料消耗量限值及测量方法》(JT 719)
5	技术等级	《营运车辆技术等级划分和评定要求》规定的一级
6	标志标识	《道路运输危险货物车辆标志》(GB 13392)
7	特定货物类型承运车辆技术要求	爆炸品和剧毒化学品运输车辆应符合《道路运输爆炸品和剧毒化学品车辆安全技术条件》(GB 20300)的技术要求
		液化气体运输车需符合《液化气体运输车》的要求
		压力容器罐体应符合《移动式压力容器安全技术监察规程》(TSG R0005)等有关技术要求
		常压罐体及车辆应符合《道路运输液体危险货物罐式车辆 第1部分 金属常压罐体技术要求》(GB 18564.1)、《道路运输液体危险货物罐式车辆 第2部分:非金属常压罐体技术要求》(GB 18564.2)的要求

2. 车辆限制要求

由于危险货物所特有的理化性质具有一定的潜在危险性,在运输装卸过程中,对于环境、温度、湿度、振动、摩擦、冲击等因素的防范,要求非常严格。为此,《危规》和《汽车运输危险货物规则》(JT 617—2004)《汽车运输、装卸危险货物作业规程》(JT 618—2004)《道路运输爆炸品和剧毒化学品车辆安全技术条件》(GB 20300—2006)中,对危险货物道路运输车辆作了一些特殊的限制,具体见表5-3和表5-4。

车辆类型及载质量限制要求　　　　　　　　　　　　　　表 5-3

序号	限制类型	具 体 要 求
1	车型限制	禁止使用报废的、擅自改装的、检测不合格的、车辆技术等级达不到一级和其他不符合国家规定的车辆从事危险货物道路运输
2		客车、客货两用车禁止运输危险货物
3		货车列车严禁从事危险货物运输,铰接列车、具有特殊装置的大型物件运输专用车辆除外
4		倾卸式车辆只能运输散装硫黄、萘饼、粗蒽、煤焦沥青等危险货物
5		移动罐体(罐式集装箱除外)禁止从事危险货物运输
6		运输剧毒化学品、爆炸品、易制爆危险化学品的,应配备罐式、厢式专用车辆或者压力容器等专用容器
7	车辆使用限制	运输有毒、感染性或腐蚀性危险货物的罐式专用车辆不得运输普通货物,但集装箱运输车(包括牵引车、挂车)、甩挂运输的牵引车除外。 其他专用车辆可从事食品、生活用品、药品、医疗器具以外的普通货物运输,但应由企业对车辆进行消除危害处理,确保不对普通货物造成污染和损害
8		不得将危险货物与普通货物混装运输
9		不得运输法律、行政法规禁止运输的货物
10	车辆载质量限制	运输爆炸品、强腐蚀性危险货物的罐式专用车辆的罐体容积不得超过 $20m^3$,运输剧毒化学品的罐式专用车辆的罐体容积不得超过 $10m^3$,但符合国家有关标准的罐式集装箱除外
11		运输剧毒化学品、爆炸品、强腐蚀性危险货物的非罐式专用车辆,核定载质量不得超过10t,但符合国家有关标准的集装箱运输专用车辆除外

车辆类型与其适装危险货物　　　　　　　　　　　　　　表 5-4

车　型	运载货物类型
栏板货车	钢瓶装气体、小包装、桶装易燃液体、易燃固体、易于自燃的物质、无机氧化剂、毒害品(低毒)、固体腐蚀性物质; 车厢底板须平整完好,周围栏板须牢固,周围无栏板的车辆,不得装运危险货物
厢式货车	钢瓶装气体、爆炸品、遇水易放出易燃气体的物质、固体剧毒化学品、感染性物质、有机过氧化物等; 装运易燃易爆危险货物时,应使用木质底板车厢;如是铁质底板,应采取衬垫措施,如铺垫橡皮板等,但不能使用谷草、草片等松软易燃材料

续上表

车　　型	运载货物类型
压力容器专用罐车	压缩气体和液化气体(含受压、低温)
常压罐体专用罐车	易燃液体、液体剧毒化学品、液体腐蚀性物质
罐式集装箱	液体危险货物
控温车型	有机过氧化物、感染性物品(如疫苗和菌苗)

(二)车辆适时更新(报废)

汽车经过长期使用,由于磨损、老化等原因,其性能逐渐下降,到了一定期限就应报废更新。如果把汽车的使用寿命过度地延长,将导致维修费用过高,继续使用不经济。如果报废过早,又会造成运力浪费。企业实施的车辆报废制度,一方面需要依据国家的相关法律法规要求制定,另一方面需要结合企业自身情况,包括资金供给、车辆维护、使用条件等多种因素来综合考虑。

1.车辆的使用寿命

汽车的使用寿命是指从技术和经济上分析汽车的合理使用极限。

(1)技术使用寿命。

技术使用寿命是指汽车从开始使用至主要机件到达技术极限状态,而不能再继续修理时为止的总工作时间或行驶里程。这种极限的标志在结构上是指零部件的工作尺寸、工作间隙,在性能上表现为汽车动力性、使用经济性、使用安全性和可靠性极度下降。技术寿命主要取决于汽车各个零部件设计水平、材料性能、制造质量、合理使用与维修。汽车到达技术寿命时,应进行报废处理。汽车维护、修理工作做得越好,汽车使用寿命越会延长;但随着汽车使用时间的延长,汽车的维修费用也将增加。

(2)经济使用寿命。

汽车的经济使用寿命是指汽车使用到使用成本较高状态时的总工作时间或行驶里程。随着汽车使用时间和行驶里程的延长,汽车的技术状况不断变坏,汽车维修费、燃料费、使用管理费等经营费用不断增加,并考虑汽车的折旧及市场变化等一系列因素,当汽车使用到某一年限后,经过分析作出综合经济评定,确定其经济上是否合理,能否继续使用。

汽车的经济使用寿命是确定汽车最佳报废时机的依据。

(3)合理使用寿命。

汽车的合理使用寿命是指以汽车经济使用寿命为基础,考虑整个国民经济的发展和能源节约等实际情况后,所制定出的符合我国实际情况的使用期限。也就是说,汽车已经达到了经济使用寿命,但是否报废更新,应视国情而定,或视当地的实际情况而定(如更新的来源及更新资金等)。为此,各国根据上述情况制定出汽车更新的技术政策,考虑国民经济的可能并加以修正,规定汽车的使用年限。如我国推行的强制报废和引导报废制度。

(4)3种寿命之间的关系。

技术使用寿命 > 合理使用寿命 ≥ 经济使用寿命。

2. 经济使用寿命的指标

汽车经济使用寿命是汽车经济使用的理想时期。研究汽车的使用寿命,主要是研究汽车的经济使用寿命。经济使用寿命的主要指标有年限、行驶里程、使用年限和大修次数。

(1)年限。

年限是指汽车从开始投入运行到报废的年数。以此作为使用寿命的指标,除考虑了运行的损耗,还考虑了车辆停放期间的自然损耗。此计算方法简单,但不能反映汽车的使用强度和使用条件,同年限车辆的技术状况差别很大。

(2)行驶里程。

行驶里程是指汽车从开始投入运行到报废期间总的行驶里程数。以此作为使用期限的指标,反映了汽车的真实使用强度,但反映不出运行条件和停驶期间的自然损耗。

(3)使用年限。

使用年限是指汽车总的行驶里程与年平均行驶里程之比所得的折算年限。年平均行驶里程是用统计方法得到的,与车辆的技术状况、完好率、平均技术速度和道路条件等因素有关。

(4)大修次数。

大修次数是指车辆报废之前所经历的大修理次数。汽车经过几次大修后报废更新最为经济,对这个问题需要权衡购买新车的费用、旧车未折完的损失费用、大修费用和经营费用的损失,来预测截止到哪次大修更新最为经济合算。

3. 强制报废和引导报废

我国实行机动车强制报废制度,主要依据是《机动车强制报废标准规定》。该规定经2012年8月24日商务部第68次部务会议审议通过,并以商务部、国家发展和改革委员会、公安部、环境保护部令2012年第12号公布。

该规定明确我国的机动车报废采用强制报废和引导报废两种方式。一方面,根据机动车使用和安全技术、排放检验状况,国家对达到报废标准的机动车实施强制报废;另一方面,对达到一定行驶里程的机动车实施引导报废(建议报废)。

(1)强制报废。

《机动车强制报废标准规定》第四条规定,已注册机动车有下列情形之一的应当强制报废,其所有人应当将机动车交售给报废机动车回收拆解企业,由报废机动车回收拆解企业按规定进行登记、拆解、销毁等处理,并将报废机动车登记证书、号牌、行驶证交公安机关交通管理部门注销:

①达到本规定第五条规定使用年限的;

②经修理和调整仍不符合机动车安全技术国家标准对在用车有关要求的;

③经修理和调整或者采用控制技术后,向大气排放污染物或者噪声仍不符合国家标准对在用车有关要求的;

④在检验有效期届满后连续3个机动车检验周期内未取得机动车检验合格标志的。

第五章 危险货物道路运输企业车辆设备管理制度

第五条规定,各类机动车使用年限分别如下:

①小、微型出租客运汽车使用8年,中型出租客运汽车使用10年,大型出租客运汽车使用12年;

②租赁载客汽车使用15年;

③小型教练载客汽车使用10年,中型教练载客汽车使用12年,大型教练载客汽车使用15年;

④公交客运汽车使用13年;

⑤其他小、微型营运载客汽车使用10年,大、中型营运载客汽车使用15年;

⑥专用校车使用15年;

⑦大、中型非营运载客汽车(大型轿车除外)使用20年;

⑧三轮汽车、装用单缸发动机的低速货车使用9年,装用多缸发动机的低速货车以及微型载货汽车使用12年,危险品运输载货汽车使用10年,其他载货汽车(包括半挂牵引车和全挂牵引车)使用15年;

⑨有载货功能的专项作业车使用15年,无载货功能的专项作业车使用30年;

⑩全挂车、危险品运输半挂车使用10年,集装箱半挂车20年,其他半挂车使用15年;

⑪正三轮摩托车使用12年,其他摩托车使用13年。

对小、微型出租客运汽车(纯电动汽车除外)和摩托车,省、自治区、直辖市人民政府有关部门可结合本地实际情况,制定严于上述使用年限的规定,但小、微型出租客运汽车不得低于6年,正三轮摩托车不得低于10年,其他摩托车不得低于11年。

小、微型非营运载客汽车、大型非营运轿车、轮式专用机械车无使用年限限制。机动车使用年限起始日期按照注册登记日期计算,但自出厂之日起超过2年未办理注册登记手续的,按照出厂日期计算。

上述两条明确,一方面可以根据车辆的强制报废年限来进行报废;另一方面,当车辆经修理和调整后仍然达不到相应要求或者连续3个机动车检验周期内未取得机动车检验合格标志的,也需要强制报废。

(2)引导报废。

《机动车强制报废标准规定》第七条规定,国家对达到一定行驶里程的机动车引导报废。达到下列行驶里程的机动车,其所有人可以将机动车交售给报废机动车回收拆解企业,由报废机动车回收拆解企业按规定进行登记、拆解、销毁等处理,并将报废的机动车登记证书、号牌、行驶证交公安机关交通管理部门注销:

①小、微型出租客运汽车行驶60万km,中型出租客运汽车行驶50万km,大型出租客运汽车行驶60万km;

②租赁载客汽车行驶60万km;

③小型和中型教练载客汽车行驶50万km,大型教练载客汽车行驶60万km;

④公交客运汽车行驶40万km;

⑤其他小、微型营运载客汽车行驶60万km,中型营运载客汽车行驶50万km,大型营运载客汽车行驶80万km;

⑥专用校车行驶40万km;

⑦小、微型非营运载客汽车和大型非营运轿车行驶60万km,中型非营运载客汽车行驶50万km,大型非营运载客汽车行驶60万km;

⑧微型载货汽车行驶50万km,中、轻型载货汽车行驶60万km,重型载货汽车(包括半挂牵引车和全挂牵引车)行驶70万km,危险品运输载货汽车行驶40万km,装用多缸发动机的低速货车行驶30万km;

⑨专项作业车、轮式专用机械车行驶50万km;

⑩正三轮摩托车行驶10万km,其他摩托车行驶12万km。

四、车辆必备安全设施设备的配置和安装要求

车辆安全设施设备是降低危险货物道路运输事故发生或者降低事故严重程度的重要措施。这里主要是指安装在车辆或者其罐体上、为了防止事故发生或者减少事故后果的装置,消防器材、个人劳动防护用品和货物安全防护装置不属于此项内容的范围。根据相关法律法规及规章标准,危险货物道路运输车辆必须配备以下安全设施设备。

1. 电源总开关

《汽车运输危险货物规则》(JT 617—2004)中有"车辆应有切断总电源和隔离电火花装置,切断总电源装置应安装在驾驶室内"的规定。电路系统应有切断总电源装置,这是因为车辆电路系统的电线使用时间过久,塑胶层容易老化,导致胶层脱落,易搭铁形成短路,引起火花而造成火灾事故的发生。因此,要求车辆必须在驾驶室安装便于驾驶人员能随时操作切断电源的总开关,如图5-1所示。

2. 导静电拖地带

装运易燃、易爆危险货物的车辆,必须配备导除静电装置,如图5-2所示。导静电橡胶拖地带应符合《汽车导静电橡胶拖地带》(JT 230—1995)的要求,同时,要求无论重车还是空车,必须将拖地带的一端接地,避免需要排除静电时而没有接地造成意外。

图5-1 电源总开关

图5-2 导静电橡胶拖地带

3. 排气管火花熄灭器

排气管火花熄灭器是指配装在机动车排气消声器出口端,对机动车废气进行冷却,从而

第五章 危险货物道路运输企业车辆设备管理制度

达到熄灭废气内夹带的火花目的的装置。危险货物运输车辆的排气管应符合《机动车排气火花熄灭器》(GB 13365—2005)规定。装运易燃、易爆介质运输车辆的发动机排气装置采用防火型或在出气口加装排气火花熄灭器,且排气管出口应安装在车身前部,如图5-3所示。

图5-3 排气管火花熄灭器

4. 标志灯和标牌使用

危险货物运输车辆应按照国家标准《道路运输危险货物车辆标志》(GB 13392—2005)的要求,设置危险货物运输车辆标志灯和标牌。

(1)标志灯。

①标志灯的分类。

标志灯按照安装方法分为3种类型,各类适用的车辆类型见表5-5。

标 志 灯 类 型   表5-5

类型	安装方式	代号	适用车辆
A型	磁吸式	A	载质量1t(含)以下,用于城市配送车辆
B型	顶檐支撑式	BⅠ	载质量2t(含)以下
		BⅡ	载质量2~15t(含)
		BⅢ	载质量15t以上
C型	金属托架式	CⅠ[a]	带导流罩,载质量2t(含)以下
		CⅡ[a]	带导流罩,载质量2~15 t(含)
		CⅢ[a]	带导流罩,载质量15 t以上

注:a 表示金属托架为可选件,金属托架按底平面与标志灯基准面的夹角γ分为3种,γ分别为30°、45°、60°。

②标志灯安装。

除载质量为1t(含)以下用于城市配送的放射性物品运输专用车辆可使用磁吸式标志灯外,其他危险货物(包括放射性物品)运输专用车辆一律将标志灯以顶檐支撑或金属托架方式固定安装在汽车驾驶室顶部。

需要指出的是,对于载质量为1t(含)以下的危险品运输专用车辆,用途不限于城市配送时,规定仍需要将标志灯以顶檐支撑或金属托架方式固定安装在汽车驾驶室顶部。磁吸式标志灯的安放位置也应符合《道路运输危险货物车辆标志》(GB 13392—2005)的规定,即必须将有标志文字"危险"字样和标志灯编号的标志灯正面朝向车辆行驶方向,不得为减小风阻而在安放时将标志灯正面朝向车辆的侧面。

A、B、C三种类型标志灯的安装位置如图5-4所示,具体可以参见《道路运输危险货物车辆标志》(GB 13392—2005)的附录B"标志灯安装位置"。

a) A 型标志灯安装位置

b) B 型标志灯安装位置

c) C 型标志灯安装位置

图 5-4　标志灯安装位置

（2）标志牌。

标志牌的主要功用是在行车时对后面驶近的超车车辆起警示作用，在驻车和车辆遇险时对周围人群起警示作用、对专业救援人员起指示作用。标志牌具体类型可参见《道路危险货物运输车辆标志》（GB 13392—2005）的具体内容，如图 5-5 所示。

图 5-5　危险货物道路运输车辆标志

标志牌一般悬挂在车辆后厢板或罐体后面的几何中心部位附近，避开放大号的车牌；对于低栏板车辆可视情选择适当悬挂位置，如图 5-6 所示。

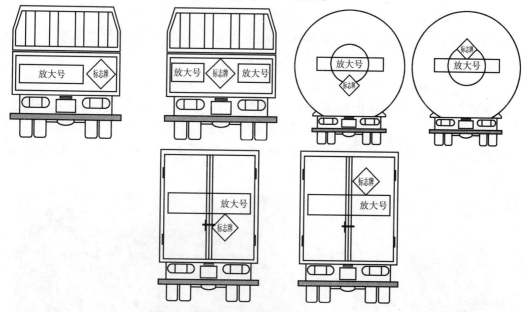

图 5-6　标志牌悬挂位置

此外，运输爆炸、剧毒危险货物的车辆，则应在车辆侧面厢板几何中心部位附近的适当位置各增加悬挂一块标志牌，如图 5-7 所示。

图 5-7　爆炸品、剧毒化学品危险货物车辆标志牌

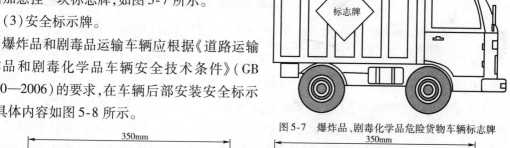

(3) 安全标示牌。

爆炸品和剧毒品运输车辆应根据《道路运输爆炸品和剧毒化学品车辆安全技术条件》(GB 20300—2006) 的要求，在车辆后部安装安全标示牌，具体内容如图 5-8 所示。

350mm × 175mm

品名		种类	
罐体容积		核载质量	
施救方法			
联系电话			

a) 罐式专用车辆安全标示牌

350mm × 175mm

品名		种类	
罐体容积		核载质量	
施救方法			
联系电话			

b) 厢式专用车辆安全标示牌

图 5-8　爆炸品和剧毒品运输车辆的安全标示牌

5. 罐体的安全附件

根据《道路运输液体危险货物罐式车辆 第 1 部分：金属常压罐体技术要求》(GB 18564.1—2006)，金属常压罐体的安全附件包括安全泄放装置、真空减压阀、紧急切断装置、

导静电装置等,配置要求根据罐体设计代码和设计要求确定。

(1)安全泄放装置。

安全泄放装置包括安全阀、爆破片装置、安全阀与爆破片串联组合装置、紧急泄放装置和呼吸阀等。安全泄放装置应设置在罐体顶部,在设计上应能防止任何异物的进入。除设计图样有特殊要求外,一般不应单独使用爆破片装置。

(2)紧急切断装置。

紧急切断装置,又称罐体内置阀、海底阀,其按工作方式可分为气动式和手动式两种,如图5-9和图5-10所示。该阀安装于罐车储罐底部,当罐车底部管路受强烈碰撞时,将自动断裂,使储罐和车底管路分离,成为独立封闭的罐体,从而防止罐内液体外泄,大大提高运输的安全性。

图5-9 气动式海底阀实物

图5-10 手控操作阀的结构

紧急切断装置一般由紧急切断阀、远程控制系统以及易熔塞自动切断装置组成。紧急切断阀阀体不应采用铸铁或非金属材料制造,紧急切断装置应动作灵活、性能可靠、便于检修;紧急切断阀不应兼作他用,安装紧急切断阀的凸缘应直接焊接在筒体或封头上;紧急切断阀应符合《道路运输液体危险货物罐式车辆紧急切断阀》(QC/T 932—2012)或相关标准的规定;在非装卸时,紧急切断阀应处于闭合状态,能防止任何因冲击或意外动作所致的打开。

为防止在外部配件(管路、阀门等)损坏的情况下罐内液体泄漏,阀体应设计成剪式结构,剪断槽应紧靠阀体与罐体的连接处。远程控制系统的关闭操作装置应装在人员易于到达的位置。当环境温度升高到规定值时,易熔塞自动切断装置应能自动关闭紧急切断阀。海底阀在车辆上的安装情况如图5-11所示。

6. 其他要求

《机动车安全运行技术条件》(GB 7258—2012)中规定,危险货物运输车前轮应装备盘式制动器,所有车轮均应使用子午线轮胎,且应装备防抱死制动装置、缓速器(或其他辅助装置)、限速装置(或具有限速功能)和汽车行驶记录仪等安全装置。

第五章 危险货物道路运输企业车辆设备管理制度

远程控制开关

图 5-11 海底阀安装情况

1-输油管道;2-紧急切断阀;3-紧急切断阀开关控制气管

五、车辆检查维护与审验评定

该条主要是从检查维护和定期检测两方面进行车辆技术管理。就车辆检查维护来说,一方面需要结合法律法规的要求和企业的自身情况,确定不同级别维护的周期、维修项目,以及委托外单位进行维护作业的维修企业资质要求、申请维修流程及相关手续等内容。另一方面,则需要表明对运输车辆进行定期检测和等级评定等组织实施流程以及相关手续等。

(一)车辆的检查维护

《道路运输车辆技术管理规定》第十五条规定:"道路运输经营者应当建立车辆维护制度。车辆维护分为日常维护、一级维护和二级维护。日常维护由驾驶人员实施,一级维护和二级维护由道路运输经营者组织实施,并做好记录。"

不同类别的维护作业项目和程序应按照《汽车维护、检测、诊断技术规范》(GB/T 18344—2001)等技术标准的规定执行。其中,日常维护是以清洁、补给和安全检视为作业中心内容,主要由驾驶人员负责执行的车辆维护作业。一级维护是指除日常维护作业外,以润滑、紧固为作业中心内容,并检查有关制动、操纵等安全部件。二级维护是指除一级维护作业外,以检查、调整转向节、转向摇臂、制动蹄片、悬架等经过一定时间的使用容易磨损或变形的安全部件为主,并拆检轮胎,进行轮胎换位,检查调整发动机工作状况和排气污染控制装置等。

1. 维护周期

由于汽车维护内容的不同,不同等级的维护作业周期也存在差异。日常维护周期分为出车前、行车中、收车后。一、二级汽车维护周期的确定,则以汽车行驶里程为基本依据,依据国家有关标准和车辆维修手册、使用说明书等,结合车辆类别、车辆运行状况、行驶里程、道路条件、使用年限等因素,企业自行确定。

2.维护项目

(1)日常维护。

日常维护属于预防维护作业,是各级维护的基础,由驾驶人员负责执行。作业内容主要以车辆"三检"工作为主(即出车前、行车中、收车后检视车辆的安全机构及各部机件连接的紧固情况,回场后加注润滑油和燃料,运行中随时注意车辆各部运转情况,发现故障及时排除或报修,不带病行驶),保持车辆"四清"(即机油、空气、燃油滤清器和蓄电池的清洁),防止车辆"四漏"(即漏油、水、电、气),做到车容车貌的整洁。维护项目包括以下几个方面。

①出车前的检查,包括:

a. 相关证件及证照是否携带齐全;

b. 车辆安全警示标志和标牌、反光标志等是否配置齐全;

c. 随车携带的安全防护设施设备、消防器材及劳动防护用品是否齐全有效;

d. 根据承运危险货物种类所配备的遮阳、控温、防爆、防火、防振、防水、防冻、防粉尘飞扬、防洒漏等设施是否齐全有效,并正确使用;

e. 车辆外观、发动机外表是否清洁,保持车容整洁;

f. 车辆各部润滑油(脂)、燃油、冷却液、制动液、各种工作介质、轮胎气压是否正常;

g. 车辆制动、转向、传动、悬挂、灯光、信号等安全部件和位置以及发动机运转状态是否正常;

h. 卫星定位系统车载终端是否正常工作。

②行驶中的检查,包括:

a. 水温、油温、各种仪表工作情况及轮胎气压是否正常;

b. 制动器有无拖滞发热现象,各连接部位是否牢靠;

c. 有无漏水、漏油、漏气,安全设施是否有效;

d. 货物捆扎情况;

e. 运输容器是否有破损、洒漏等现象。

③收车后的检查,包括:

a. 定点清理全车卫生,各项清洗、消除程序符合相关规定;

b. 油、水、电、汽有无滴漏现象;

c. 没有加防冻液的车辆,冬天应放出水箱、缸体的水,夏天应定期放水;

d. 各连接部位及货物是否牢固,车胎气压是否正常。

(2)一级维护。

一级维护作业内容见表5-6。

(3)二级维护。

二级维护作业内容包含一级维护作业内容,二级维护基本作业项目见表5-7。

第五章 危险货物道路运输企业车辆设备管理制度

一级维护作业内容

表 5-6

序号	项 目	作 业 内 容	技 术 要 求
1	点火系	检查、调整	工作正常
2	发动机空气滤清器、空压机空气滤清器、曲轴箱通风系空气滤清器、机油滤清器和燃油滤清器	清洁或更换	各滤芯应清洁无破损,上下衬垫无残缺,密封良好;滤清器应清洁,安装牢固
3	曲轴箱油面、化油器油面、冷却液液面、制动液液面高度	检查	符合规定
4	曲轴箱通风装置、三效催化装置	外观检查	齐全、无损坏
5	散热器、油底壳、发动机前后支架、水泵、空压机、进排气歧管、输油泵、喷油泵连接螺栓	检查校紧	各连接部位螺栓、螺母应坚固,锁销、垫圈及胶垫应完好有效
6	空压机、发电机、空调机皮带	检查皮带磨损、老化程度、调整皮带松紧度	符合规定
7	转向器	检查转向器液面及密封状况,润滑万向节十字轴,横直拉杆、球头卡销、转向节等部位	符合规定
8	离合器	检查调整离合器	操纵机构应灵敏可靠;踏板自由行程符合规定
9	变速器、差速器	检查变速器、差速器液面、中间轴承、校紧各部连接螺栓、清洁各通气塞	符合规定
10	制动系	检查紧固各制动管路,检查调整制动踏板自由行程	制动管路接头应不漏气,支架螺栓紧固可靠,制动联动机构应灵敏可靠,储气筒无积水,挂钩踏板自由行程符合规定
11	车架、车身及各附件	检查、紧固	各部螺栓及拖钩、挂钩应紧固齐全,无裂损,无窜动,齐全有效
12	轮胎	检查轮胎及压条挡圈(包括备胎),并视情况补气	轮辋及压条挡圈固定无裂损,变形,轮胎应符合规定,气门嘴齐全,连接可靠;轮毂轴承间隙无明显松旷
13	悬架机构	检查	无损坏,连接可靠
14	蓄电池	检查	电解液液面高度应符合规定,通气孔畅通,电桩头清洁、牢固

续上表

序号	项目	作业内容	技术要求
15	灯光、仪表、信号装置	检查	齐全有效,安装牢固
16	全车润滑点	润滑	各润滑嘴安装正确,齐全有效
17	全车	检查	全车不漏油,不漏水,不漏气,不漏电,各种防尘罩齐全有效

注:技术要求栏中的"符合规定"皆符合实际使用中的有关规定。

二级维护基本作业项目

表5-7

序号	维护项目	作业内容	技术要求
1	发动机润滑油、机油滤清器	更换润滑油; 视情更换机油滤清器	润滑油规格性能指标符合规定; 液面高度符合规定; 机油滤清器密封良好,无堵塞,完好有效
2	检查润滑油面高度	检查转向器、变速器、主减速器等润滑油规格和液面高度,不足时按要求补给	符合出厂规定
3	空气滤清器	清洁空气滤清器	空气滤清器清洁有效,安装可靠; 恒温进气装置安装可靠,进气转换工作灵敏、准确
4	燃油箱及油管; 燃油滤清器; 燃油泵	检查接头及密封情况; 清洁燃油滤清器,必要时更换; 检查燃油泵,必要时更换	接头无破损、渗漏,紧固正常; 燃油滤清器工作正常; 燃油泵工作正常,油压符合规定
5	燃油蒸发控制装置	检查	工作正常
6	曲轴箱通风装置	检查、清洁	清洁畅通,连接可靠,不漏气,各阀门无堵塞、卡滞现象,灵敏有效,符合规定
7	散热器、膨胀箱、百叶窗、水泵、节温器、传动皮带	检查密封情况,箱盖压力阀、液面高度,水泵; 检视皮带外观,调整皮带松紧度	散热器及软管无变形、破损及渗漏;箱盖接合表面良好,胶垫老化,箱盖压力阀开启压力符合要求;箱盖不漏水,无异响,节温器工作性能符合规定 水泵,灵敏有效,符合规定 皮带应无裂痕和过量磨损,表面无油污;皮带松紧度符合规定

第五章 危险货物道路运输企业车辆设备管理制度

续上表

序号	维护项目	作业内容	技术要求
8	进、排气歧管,消声器,排气管;汽缸盖	检查、紧固,视情补焊或更换;按规定次序和扭紧力矩校紧汽缸盖	无裂纹,漏气,消声器性能良好;扭紧力矩符合规定
9	增压器、中冷器	检查、清洁	符合规定
10	发动机支架	检查、紧固	连接牢固,无变形和裂纹
11	化油器及联运机构	清洁、检查、紧固	清洁,联动机构运动灵活,连接牢固,无漏油,工作系统和附加装置工作正常
12	喷油器、喷油泵	检查喷油器和喷油泵的作用,必要时检测喷油压力和喷油状况,视情调整供油提前角	喷油器雾化良好,调整触点间隙在规定范围内,无松旷,漏油现象,喷油压力符合规定;供油提前角符合规定
13	分电器、高压线	清洁,检查	分电器无油污,调整触点,高压线性能符合规定
14	火花塞	清洁,检查或更换火花塞,调整电极间隙	电极表面清洁,间隙符合规定
15	气门间隙	检查调整	符合规定
16	电控燃油喷射系统供油管路	检查密封状况	密封良好,作用正常
17	三效催化装置	检查三效催化装置离合器踏板自由行程	作用正常
18	离合器	检查前轮制动调整臂的作用	离合器踏板自由行程符合规定
19	前轮制动	拆卸前轮毂总成,支承销,制动蹄;清洗转向节、轴承、支承销,清洁制动底板等零件;检查制动盘、制动凸轮轴、凸轮轴转动灵活,无卡滞,清洁制动底板;检查转向节及螺母、保险片,油封及装置螺栓,校紧装置螺栓	清洁,无油污;制动底板不变形,螺纹完好,按规定力矩扭紧接置螺栓;凸轮轴转动灵活,无卡滞,转向间隙符合规定;转向节无裂纹,螺纹完好,油封完好不漏油;保险片作用良好,转向节径与轴承配合应无径向松旷,转向节装置螺栓拧紧力矩符合规定

续上表

序号	维护项目	作业内容	技术要求
19	前轮制动	检查内外轴承	滚柱保持架无断裂，滚柱不脱落，无裂损和烧蚀，轴承内圈无裂损和烧蚀
		检查制动蹄及支承销	制动蹄片厚度符合规定，摩擦片无过量磨损、高出工作表面，摩擦片无破裂、铆接可靠；支承销无过量磨损，支承销与制动蹄孔衬套配合间隙符合规定
		检查制动蹄复位弹簧	复位弹簧应无明显变形，自由长度、拉力符合规定
		检查前轮毂、制动鼓及轴承外座圈，校紧轮胎螺栓内螺母	轮毂无裂损；轴承外座圈无裂纹，无麻点，无烧蚀；制动鼓无裂纹，圆度误差，外边缘不得高出内径符合规定整，内径尺寸，圆度误差，左右内径符合规定；轮胎螺栓齐全完好，规格一致，按规定力矩扭紧
		装复前轮毂，调整前轮轴承松紧度及制动间隙	装复支承销、制动蹄销、开口销或卡簧齐全有效；润滑轴承，制动蹄销均应涂润滑脂，制动鼓、制动片表面清洁，无油污；制动片与制动鼓的间隙符合规定，转动无碰擦现象或声响，检视孔挡板齐全；轮毂转动灵活，应拉力计测量时可转动，且无轴向间隙；锁紧螺母按规定力矩扭紧；保险可靠，防尘罩、衬垫完好，螺垫圈齐全紧固（螺栓规格一致）
20	后轮制动	拆半轴、轮毂总成、制动蹄、支承销，清洗各零件及制动底板、半轴套管	轮毂通气孔畅通，各零件及制动盘、后桥套管清洁无油污
		检查制动底板、制动凸轮轴，校紧连接螺栓	制动底板不变形，连接螺栓按规定力矩紧固，凸轮转动轴灵活，无卡滞，轴向间隙和径向间隙符合规定

84

续上表

序号	维护项目	作业内容	技术要求
		检查后桥半轴套管、螺母及油封	套管无裂纹及明显松动，与螺母配合无径向松旷；油封完好，无损坏，无漏油；套管颈与轴承配合间隙符合规定
		检查内外轴承	轴承保持架无断列，滚柱不脱落，无裂损和烧蚀；轴承内座圈无裂纹
		检查制动蹄及支承销	制动蹄无裂纹及变形，摩擦片不破裂，铆接可靠，摩擦片厚度符合规定；支承销与制动蹄承孔衬套配合间隙符合规定；支承销无过量磨损
		检查制动蹄复位弹簧	复位弹簧无变形，自由长度符合规定，拉力良好
20	后轮制动	检查后轮毂、制动鼓及轴承外座圈，检查组紧半轴螺栓、检查轮胎螺栓，校紧半轴内螺母	轮毂无裂损；轴承外座圈不松动，无损坏；制动鼓无裂纹，内径、圆度误差左右内径差符合规定，外边缘不得凸出工作表面，制动鼓视孔完整；半轴螺栓齐全有效
		检查半轴	半轴无明显弯曲，不磨套管，无裂纹，花键无过量磨损或扭曲变形
		装复后轮毂，调整制动间隙	装复支承销，制动蹄片时，承孔均应涂机油后再上轴承；润滑轴承；套管轴颈表面、制动鼓面应涂机油应符合规定，无油污；制动蹄片与制动鼓的间隙应符合规定；制动蹄片，检视孔挡板，拉力符合规定；轮毂螺母锁紧螺栓按规定力矩拧紧
21	转向器、转向传动机构	检查转向器传动机构的工作状况和密封性，校紧全部螺栓；检查调整转向盘自由转动量	转向盘自由转动量符合规定，转向轻便灵活，无卡滞和漏油现象，重臂及转向节臂无弯曲及裂损，各部螺栓连接可靠

续上表

序号	维护项目	作业内容	技术要求
22	前束及转向角	调整	符合规定
23	变速器、差速器	检查密封状况和操纵机构,清洁通气孔	密封良好,通气孔畅通,操纵机构作用正常,无异响,无乱档现象
24	传动轴、传动轴承支架、中间轴承	检查防尘罩;检查传动轴方向节工作状态;检查传动轴承支架;检查中间轴承间隙	防尘罩不得有裂纹、损坏,卡箍可靠,支架无松动;万向节不松旷,无卡滞,无异响;传动轴承支架无松动;中间轴承间隙符合规定
25	空气压缩机、储气筒、安全阀	清洁、校紧	清洁,连接可靠,无漏气,安全阀工作正常
26	制动阀、制动管路、制动踏板	检查制动踏板自由行程;检查紧固制动阀和管路接头,液压制动检查制动管路内是否有气	制动踏板自由行程符合规定;制动阀和管路接头连接可靠,无漏气,液压制动管路内无气
27	驻车制动	检查驻车制动性能,检查驻车制动器自由行程	符合规定,作用正常
28	悬架	检查、紧固、视情补焊、校正	不松动,无裂纹,无断片,按规定拧紧力矩紧螺栓
29	轮胎(包括备胎)	检查紧固,补气,磨损严重时进行轮胎换位、磨损严重时更换	气压符合规定,清洁,无裂损、老化、变形,气门嘴完好,轮胎螺栓紧固,轮胎的装用符合规定
30	发电机、发电机调节器、起动机	清洁、润滑	符合规定
31	前照灯、仪表、喇叭、刮水器、全车电器线路	检查、调整,必要时修理或更换	清洁,安装牢固,电解液液面符合规定;前照灯、喇叭、刮水器电动机运转无异响,各仪表及信号装置功能齐全有效,符合规定;刮水器电动机运转无异响,连动杆连接可靠,全车线路整齐,连接可靠,绝缘良好
32	车身、车架、安全带	检查、紧固	性能可靠,工作良好,无变形、断裂、脱焊,连接螺栓、铆钉紧固
33	内装饰	检查、紧固	设备完好,无松动
34	空调装置	检查空调系统工作状况、密封状况	制冷系统密封,制冷效果良好,暖气装置工作正常
35	润滑	全车加注润滑脂的部位全部润滑	润滑脂嘴齐全有效,润滑良好

注:技术要求栏中的"符合规定"指符合实际应用中有关技术规定或技术要求。

第五章 危险货物道路运输企业车辆设备管理制度

由于《道路运输车辆技术管理规定》将过去的车辆维护周期由省级道路运输管理机构统一硬性规定,改为由经营者依据国家有关汽车维护标准、车辆维修手册、使用说明书等技术文件,结合车辆类别、车辆运行状况、行驶里程、道路条件、使用年限等因素,自行确定车辆维护周期。同时,道路运输经营者可以对自有车辆进行二级维护作业,无须进行二级维护竣工质量检验。当道路运输经营者不具备二级维护作业能力的,可以委托二类以上机动车维修经营者进行二级维护作业。机动车维修经营者完成二级维护作业后,应当向委托方出具二级维护出厂合格证。交通运输部发布的《交通运输部办公厅关于贯彻实施〈道路运输车辆技术管理规定〉的通知》明确指出:自2016年3月1日起,道路运输管理机构不再办理道路运输车辆二级维护审核备案手续。在车辆审验时,不再查验车辆二级维护凭证。

承担道路运输车辆二级维护作业的经营者要严格按照《汽车维护、检测、诊断技术规范》(GB/T 18344—2001)等相关标准的规定维护运输车辆。不具备车辆二级维护竣工质量检测条件的经营者按照《交通运输部办公厅关于贯彻落实国家标准〈汽车维修业开业条件〉》(GB/T 16739—2014)的通知》(交办运〔2014〕227号)要求,可以委托汽车综合性能检测机构实施二级维护竣工质量检测。

(二)车辆的定期检测

车辆检测是检查、鉴定车辆技术状况和维修质量的重要手段,实现视情修理的重要保证,也是确保车辆符合国家规定技术标准的重要技术手段。为了确保道路运输车辆始终处于良好的技术状态,需要通过采取相应的技术手段进行诊断和鉴定,以确定是否需要维护,是否需要修理,以及维护和修理是否合格。

1. 综合性能检测和技术等级评定

根据《道路运输车辆技术管理规定》第二十条的要求,道路运输经营者应当自道路运输车辆首次取得《道路运输证》当月起,按照下列周期和频次,委托汽车综合性能检测机构进行综合性能检测和技术等级评定。

(1)客车、危险货物运输车自首次经国家机动车辆注册登记主管部门登记注册不满60个月的,每12个月进行1次检测和评定;超过60个月的,每6个月进行1次检测和评定。

(2)其他运输车辆自首次经国家机动车辆注册登记主管部门登记注册的,每12个月进行1次检测和评定。

第二十一条规定,客车、危货运输车的综合性能检测应当委托车籍所地汽车综合性能检测机构进行。货车的综合性能检测可以委托运输驻地汽车综合性能检测机构进行。

汽车综合性能检测机构对新进入道路运输市场的车辆应当按照《道路运输车辆燃料消耗量达标车型表》进行比对。对达标的新车和在用车辆,应当按照《道路运输车辆综合性能要求和检验方法》(GB 18565)和《道路运输车辆技术等级划分和评定要求》(JT/T 198)实施检测和评定,出具全国统一式样的道路运输车辆综合性能检测报告,评定车辆技术等级,并在报告单上标注。车籍所在地县级以上道路运输管理机构应当将车辆技术等级在《道路运输证》上标明。

《道路运输车辆技术管理规定》将客车、危险货物运输车辆列为道路运输安全管理的重中之重。一是调整了车辆综合性能检测和技术等级评定周期和频次,并以月份为检测评定期单元。对取得《道路运输证》的客车、危险货物运输车辆,在公安机关交通管理部门注册登记后超过60个月的,每6个月进行1次检测和评定。二是明确了委托检测的原则。客车、危货运输车辆的综合性能检测应在车籍所在地汽车综合性能检测机构进行,允许普通货车在驻地运输经营所在地进行检测,道路运输管理机构对驻地汽车综合性能检测机构出具的车辆技术等级评定结论证明予以采信。三是为促进甩挂运输发展,不再要求挂车进行综合性能检测和技术等级评定。道路运输管理机构对挂车配发《道路运输证》和审验时,应当查验挂车行驶证件是否有效,记载的审验日期是否在安全技术检验有效期内。

2. 压力容器罐体检验

压力容器罐体检验是对拟进入道路运输市场及进入道路运输市场后的危险货物道路运输罐式专用车辆的压力容器罐体所进行的年度定期检验,以确保车载罐体符合《移动式压力容器安全技术监察规程》(TSG R0005—2011)的要求。检验周期要求:

(1)年度检验每年至少1次。

(2)首次全面检验应于投用后1年内进行。

(3)下次全面检验周期,由检验机构根据其安全状况等级,按照表5-8和表5-9确定。

汽车罐车和罐式集装箱全面检验周期　　　　　　　　　　表5-8

罐体安全状况等级	全面检验周期	
	汽车罐车	罐式集装箱
1级~2级	5年	5年
3级	3年	2.5年

长管拖车、管束式集装箱的定期检验周期　　　　　　　　表5-9

介质组别*	充装介质	定期检验周期	
		首次定期检验	定期检验
A	天然气(煤层气)、氢气	3年	5年
B	氮气、氦气、氩气、氖气、空气		6年

注:*除B组的介质和其他惰性气体和无腐蚀性气体外,其他介质(如有毒、易燃、易爆、腐蚀等)均为A组。

3. 常压罐体的定期检测

由于新《危险化学品安全管理规定》取消了原《危险化学品安全管理规定》关于"质检部门应当对危险化学品的包装物、容器的产品质量进行定期的或者不定期的检查"的规定,故质检部门就没有对"常压罐体"进行检验的职责了。

交通运输部依据新《危险化学品安全管理规定》第十八条第三款:"对重复使用的危险化学品包装物、容器,使用单位在重复使用前应当进行检查;发现存在安全隐患的,应当维修或者更换。使用单位应当对检查情况作出记录,记录的保存期限不得少于2年";《危规》第二十八条规定:"道路危险货物运输企业或者单位对重复使用的危险货物包装物、容器,在重

第五章 危险货物道路运输企业车辆设备管理制度

复使用前应当进行检查;发现存在安全隐患的,应当维修或者更换。道路危险货物运输企业或者单位应当对检查情况作出记录,记录的保存期限不得少于2年"。首先明确,罐车的常压罐体属于"重复使用的危险货物容器",故使用常压罐体罐车的企业应该负责常压罐体的检验。

在此强调,使用常压罐体罐车的企业(单位)负责对常压罐体进行检验。企业或单位通过对重复使用包装物、容器的检查以及记录,提高包装物、容器的安全性能,避免出现因包装物、容器破损、泄漏而引发运输事故,同时也减轻了企业每年送检的负担。当然,如果运输企业认为自己不能对常压罐体进行检查或发现罐体有重大问题时,也可送到质检部门进行检验、维修。

六、车辆技术档案或台账记录

车辆档案是指车辆从新车购置到报废整个运用过程中记载车辆基本情况、主要性能、运行使用、检测维修和机件事故等方面资料的历史档案。它是了解车辆性能和技术状况,掌握车辆使用、维修规律以及车辆维护、使用和评价的依据,也是评价技术管理的依据之一。

依据《道路运输车辆技术管理规定》的要求,道路运输经营者应实行一车一档。档案内容主要包括:车辆基本信息、车辆技术等级评定、车辆维护和修理(含《机动车维修竣工出厂合格证》)、车辆主要零部件更换、车辆变更、行驶里程、对车辆造成损伤的交通事故等记录。档案内容应当准确、翔实,主要登记项目见表5-10。

车辆技术档案目录　　　　　　　　　　　　　　　表5-10

序　号	档　案　名　称
1	车辆基本信息登记表
2	机动车登记证书、车辆行驶证、道路运输证复印件及车辆照片
3	车辆综合性能检测报告复印件
4	技术等级评定记录复印件
5	罐体检测合格证或检测报告单复印件
6	车辆燃料消耗量证明材料
7	车辆承运人责任险保险单复印件
8	具有行驶记录功能的卫星定位系统安装使用证明
9	车辆维护和修理(含《机动车维修竣工出厂合格证》)
10	车辆主要零部件更换情况
11	车辆登记评定记录表
12	必备的应急处理器材、安全防护设施设备清单
13	车辆变更、过户档案移交记录
14	每年审验记录相关材料
15	对车辆造成损伤的交通事故等记录
16	车辆行驶里程记录
17	其他按规定要求归档的资料

第二节 安全设施设备(停车场)管理制度

本项制度包含安全设施设备管理和停车场管理两个方面,企业可以根据自身情况分别制定。其中,"安全设施设备"是指危险货物道路运输企业(单位)在生产经营活动中,将危险、有害因素控制在安全范围内,以及减少、预防和消除危害所配备的装置(设备)和采取的措施。安全设施设备的种类繁多,根据其用途大致可以分为预防事故发生的设施(如压力、温度、液位、流量等报警设施,各种指示、警示作业安全和逃生避难及风向等警示标志等),控制事故设施(如紧急切断、分流、吸收、中和、冷却等设施)和减少与消除事故影响设施(灭火设施、消火栓、高压水枪(炮)等、劳动防护用品等)。常用的安全设施设备见表5-11。

常见安全设施设备的类别　　　　表5-11

目 的	类 别	具 体 类 型
预防事故设施	检测、报警设施	压力、温度、液位、流量等报警设施,可燃气体、有毒有害气体、氧气等检测和报警设施,用于安全检查和安全数据分析等检验检测设备、仪器
	设备安全防护设施	防护罩、防护屏、负荷限制器、制动、限速、防雷、防潮、防晒、防冻、防腐、防渗漏等设施,传动设备安全锁闭设施,电器过载保护设施,静电接地设施
	防爆设施	各种电气、仪表的防爆设施,抑制助燃物品混入(如氮封)、易燃易爆气体和粉尘形成等设施,阻隔防爆器材,防爆工器具
	作业场所防护设施	作业场所的防静电、防噪声、通风(除尘、排毒)、防护栏(网)、防滑、防灼烫等设施
	安全警示标志	包括各种指示、警示作业安全和逃生避难及风向等警示标志
控制事故设施	泄压和止逆设施	用于泄压的阀门、爆破片等设施,用于止逆的阀门等设施,真空系统的密封设施
	紧急处理设施	紧急备用电源,紧急切断、分流、吸收、中和、冷却等设施,通入或加入惰性气体、反应抑制剂等设施,紧急停车、仪表连锁等设施
减少与消除事故影响设施	防止火灾蔓延设施	阻火器、安全水封、回火防止器、防油(火)堤、防爆门等隔爆设施,防火墙、防火门、蒸汽幕、水幕等设施,防火材料涂层
	灭火设施	水喷淋、惰性气体、蒸气、泡沫释放等灭火设施,消火栓、高压水枪(炮)、消防车、消防水管网等
	紧急个体处置设施	洗眼器、喷淋器、逃生器、逃生索、应急照明等设施
	应急救援设施	堵漏、工程抢险装备和现场受伤人员医疗抢救装备
	逃生避难设施	逃生和避难的安全通道(梯)、安全避难所(带空气呼吸系统)、避难信号等
	劳动防护用品和装备	包括头部、面部、视觉、呼吸、听觉器官、四肢、躯干防火、防毒、防灼烫、防腐蚀、防噪声、防光射、防高处坠落、防砸击、防刺伤等免受作业场所物理、化学因素伤害的劳动防护用品和装备

第五章 危险货物道路运输企业车辆设备管理制度

由于危险货物品种繁多,性质各异,有的易燃易爆(如汽油、酒精、液化石油气等),有的遇水反应会分解出大量易燃气体(如金属钠、碳化钙等),有的遇酸会分解释放出大量的剧毒气体(如氯化物等),大多数易燃液体具有不溶于水,且密度小于水的理化特性;再加上安全防护设施设备和消防器材种类、规格多样,性能不同,使用条件和范围各异。所以,迫切需要企业安全管理人员在充分分析法律法规及规章标准对危险货物道路运输车辆安全设施设备配置基本要求的基础上,根据企业常运危险货物的特性,通过编制安全设施设备管理制度的方式,明确具体的配置要求和维护管理要求。

《安全生产法》第三十三条规定:"生产经营单位必须对安全设备进行经常性维护、保养,并定期检测,保证正常运转。维护、保养、检测应当做好记录,并由有关人员签字。"其他相关法律法规及规章对安全设备的要求见表5-12。

法律法规及规章对安全设备的要求 表5-12

法律法规名称	条目	内容
安全生产法	第三十三条	安全设备的设计、制造、安装、使用、检测、维修、改造和报废,应当符合国家标准或者行业标准。 生产经营单位必须对安全设备进行经常性维护、保养,并定期检测,保证正常运转。维护、保养、检测应当做好记录,并由有关人员签字
危险化学品安全管理条例	第四十五条	运输危险化学品,应当根据危险化学品的危险特性采取相应的安全防护措施,并配备必要的防护用品和应急救援器材
危规	第八条	申请从事道路危险货物运输经营,应当具备下列条件: (一)有符合下列要求的专用车辆及设备…… 3.配备有效的通信工具…… 8.配备与运输的危险货物性质相适应的安全防护、环境保护和消防设施设备

一、适用范围

为了与车辆及罐体的安全附件以及标志灯标志牌的内容区分开,本制度的适用范围主要为运输过程中,为车辆配备的消防器材、安全防护用品(如防水、防洒漏、遮阳以及紧固装置等)、劳动防护用品。

二、实施主体及职责分工

安全设施设备的选配、使用、维护和更新等环节所涉及的职能部门及其人员,需要结合企业的安全生产责任制和组织机构来确定。通常,诸如货物安全防护装置可以由车辆技术管理部门来负责,消防器材和个人防护用品的配置和管理可以由企业的劳动防护部门来负责。

三、安全设备配置的种类、数量及质量要求

(一)货物安全防护装置

(1)应根据所装运的危险货物性质,采取相应的遮阳、控温、防爆、防火、防振、防水、防

冻、防粉尘飞扬、防静电、防洒漏等措施,如捆扎用的大绳、防散失用的网罩、防水用的苫布等工属具,如图5-12和图5-13所示。

图5-12 货物安全保护用品

(2)装运大型运输容器、集装箱、集装罐等车辆,必须设置牢固、安全且有效的紧固装置。

(3)装运大型气瓶的车辆,必须配置活络插桩、三角垫木、紧绳器等工具。钢瓶装气体使用平板车辆直立运输时,应在地板上设置带锁止的固定装置。

图5-13 货物捆扎用品

(二)消防设施设备配备

1. 火灾分类

依据《手提式灭火器 第1部分:性能和结构要求》(GB 4351.1),火灾分为6个类型。

A类火:固体有机物质燃烧的火,通常燃烧后会形成炽热的余烬。

B类火:液体或可溶化固体燃烧的火。

C类火:气体燃烧的火。

D类火:金属燃烧的火。

E类火:燃烧时物质带电的火。

F类火:指烹饪器具内的烹饪物(如动植物油脂)火灾。

按充装的灭火剂分类,手提式灭火器可分为如下几种,如图5-14所示。

图5-14 常见灭火器类型

第五章 危险货物道路运输企业车辆设备管理制度

(1)水基型灭火器,包括清洁水或带添加剂的水,如湿润剂、增稠剂、阻燃剂或发泡剂等。

(2)干粉型灭火器。

(3)二氧化碳灭火器。

(4)洁净气体灭火器。

2.灭火器适用火灾类型

泡沫灭火器,属于水基型灭火器的一种,适用于扑救一般 B 类火灾,如油制品、油脂等火灾;也可适用于 A 类火灾,但不能扑救 B 类火灾中的水溶性可燃、易燃液体的火灾,如醇、酯、醚、酮等物质火灾;也不能扑救带电设备及 C 类和 D 类火灾。

干粉灭火器,一般分为 BC 干粉(碳酸氢钠)和 ABC 干粉(磷酸铵盐)两大类,主要用于扑救石油、有机溶剂等易燃液体、可燃气体和电气设备的初期火灾,也可扑救固体类物质的初起火灾(ABC 型)。

二氧化碳灭火器,适用于扑救 B 类火灾(如煤油、柴油、原油、甲醇、乙醇、沥青、石蜡等火灾)、C 类火灾(如煤气、天然气、甲烷、乙烷、丙烷、氢气等火灾)和 E 类火灾(物体带电燃烧的火灾),但不能扑救钾、钠、镁等轻金属火灾。

洁净气体灭火器,主要有卤代烷烃气体灭火器、惰性气体灭火器和混合气体灭火器几种,适用于 A、B、C、E 类火灾,适用于固体火灾、液体火灾、溶化固体火灾、气体火灾、带电火灾。

3.手提式灭火器的使用方法

手提式灭火器的使用方法主要包括:

(1)灭火器使用前,必须检查压力是否有效,即压力表的指针应处于图 5-15 所示的绿色区域。

(2)将灭火器上下用力摆动几次。

(3)拔掉保险销,一手握住提把,另一只手握紧喷管,迅速前往着火点 1.5m 左右距离,对准火焰根部,用力按下压把开关,直至喷射灭火剂。

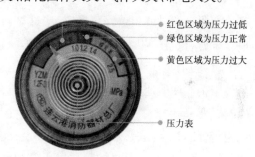

图 5-15 灭火器压力表

(4)由远及近,左右扫射,向前推进,将火扑灭。

(5)一旦火扑灭后,立即放松压把,灭火剂停止喷射。

4.灭火器的配备

(1)根据《危险货物国际道路运输欧洲公约》(ADR),通常情况下,每个运输单元(车辆)至少配备 2 个灭火器。其中,第 1 个为能扑救 A、B、C 类火灾的干粉灭火器(或等量的其他适用灭火器),且容量至少为 2kg;若运输车辆最大设计总质量超过 3.5t,则其中的第 2 个灭火器至少含有 6kg 灭火材料;若最大设计总质量少于 3.5t,则第 2 个灭火器至少含有 2kg 灭火材料。灭火器应在有效期内且有效,并固定牢靠、取用方便。

(2)此外,根据我国相应的法律法规要求,如《液化气体运输车辆》(GB/T 19905—2005)则要求液化气体运输车辆每侧应装备 1 个 5kg 以上的干粉灭火器或 4kg 以上的 1211 灭火器。《道路运输爆炸品或剧毒化学品车辆安全技术条件》(GB 20300—2006)则要求运输爆

炸品、剧毒化学品的车辆两侧应配备与所装载介质性能相适应的灭火器各1个。

5.其他应急或防护设备的配备

（1）2个可直立放置的警告标志（如反光路锥、三角警示牌等）。

（2）每位乘车人员有1件适合的反光警示背心或衣服。

（3）运输具有毒性特性的气体物质或物品时，每位乘车人员应配有1个用于逃生的防护面罩（如带气体/灰尘过滤的逃生头盔或面罩）。

（4）视情准备个人防护设备，包括防静电鞋、防护手套、防护眼镜、防护服装。

（5）在泄漏或不密封情况下，需要胶合剂、铁锹、扫帚和小型收集容器。

（6）洗眼瓶，可以用于急救。

此外，承运人可以根据《道路危险货物运输安全卡》或者化学品安全技术说明书中的相关要求，配备相应的安全防护设施和消防器材。

在编写该制度时，企业应结合其承运危险货物的特性，配备合适的安全设施设备，其中2个灭火器和适当的货物保护固定装置以及三角警示牌是必须配备的。个人防护用品需要结合承运货物特点进行明确要求。

四、专用停车场安全环境要求

企业在建设或租赁停车场时，应根据自身拥有的专用车辆数量来确定相应的停车场规模。根据《危规》的要求，危险货物运输车辆的停车场需要满足下列条件：

（1）自有或者租借期限为3年以上，且与经营范围、规模相适应的停车场地，停车场地应当位于企业注册地市级行政区域内（需要有土地使用证或者租赁合同证明）。当运输企业（单位）租赁不能耕种的郊区土地或其他企业闲置场地（无土地使用证），签订有效的停车场地租借合同且合同有效期限为3年以上，配备相应的安全防护、环境防护、消防设施设备、封闭并设立明显标志，且未妨碍居民生活和威胁公共安全的，可以作为停车场地。

（2）运输剧毒化学品、爆炸品专用车辆以及罐式专用车辆，数量为20辆（含）以下的，停车场地面积不低于车辆正投影面积的1.5倍；数量为20辆以上的，超过部分，每辆车的停车场地面积不低于车辆正投影面积。运输其他危险货物的，专用车辆数量为10辆（含）以下的，停车场地面积不低于车辆正投影面积的1.5倍；数量为10辆以上的，超过部分，每辆车的停车场地面积不低于车辆正投影面积。

（3）停车场地应当封闭并设立明显标志，不得妨碍居民生活和威胁公共安全。

这里提到的明显标志主要包括禁止烟火、无关人员不得进入、危险货物车辆停放区等，标志标识应齐全且悬挂在明显位置。

五、日常运行管理要求

由于本项制度涉及安全设施设备管理和停车场管理两部分，所以该项内容分别应包括安全设施设备日常运行管理要求和停车场日常运行管理要求。

第五章　危险货物道路运输企业车辆设备管理制度

对于安全设施设备管理而言，主要包括安全设施设备的购买和配备，具体购买种类和配置要求可以参考本节第三部分的内容，然后就是安全设施设备的日常维护工作要求，如对安全设施设备的定期检查要求和频率规定，发现安全设施设备损坏的维护、更换和报废的流程。

对于停车场的运行管理要求，考虑大部分企业的停车场是租用第三方的，这就需要在租赁合同中，明确双方的权利和义务。比如在合同中明确：进入停车场停放的危险货物运输车辆，必须持有道路运输证、机动车行驶证、驾驶证、从业资格证等相关证件；危险货物运输车辆必须按照《道路危险货物运输车辆标志》(GB 13392—2005)的规定悬挂标志灯和标志牌。严禁将化学品性质或者扑救方法相抵触的车辆停放在同一区域内。危险货物运输车辆专用停车场应对进入车辆、人员进行严格检查，经检查合格、登记后方可准予导入相应停车区域内。停车场管理人员应进行24h巡查，遇突发情况应及时汇报并按照处置预案迅速处理。消防设施(灭火器、消防池、消防沙等)齐全有效并经消防部门验收合格；停车场必须画好行走线、停车位等标识。

第三节　车辆卫星定位监控系统管理制度

道路运输车辆卫星定位监控系统是指以提供道路运输车辆实时位置和状态信息为特征，具有运输车辆驾乘人员及运输车辆管理者等用户远程信息服务，反映运输车辆实时动态数据，满足政府监管部门及运营企业对系统信息运用要求，能对服务范围内的车辆进行管理和控制的综合性信息处理系统。简单说，它是依托卫星定位、地理信息及无线通信等技术手段，实时掌握车辆位置和状态数据，是为运输企业提供安全管理、调度管理信息的软硬件综合系统。

它由车载终端、政府监控平台、企业监控平台、计算机通信网络等组成，通过系统各组成部分之间的互联互通，实现业务管理以及数据交换和共享。其中，政府平台一般安装在各级政府及行业管理部门内，企业平台则安装在各个运输企业内，而车载终端则安装在每辆被监控的运营车辆上。

本制度主要围绕企业车辆卫星定位监控系统平台的建设、维护及管理，车载终端安装、使用及维护，交通违法动态信息处理和统计分析等方面进行规范性要求。

一、适用范围

本制度的适用范围为企业内部构建的卫星定位监控系统及其车载终端的使用管理。

二、管理主体及其职责分工

围绕卫星定位监控系统和车载终端的建设、维护及管理以及数据传送及分析，危险货物道路运输车辆监控系统主要涉及车辆及设备购置管理人员、专职监控人员和驾驶人员等，依据涉及职能部门及相关岗位人员职责来规定其职责分工。比如要求监控人员主要负责实时监控企业运行车辆,实时警示和记录违章车辆,对严重违章或多次违章车辆的有关情况报企业相关部门处理,并认真做好日常监控记录。

三、安装规范和管理要求

首先,企业应按照标准建设运输车辆动态监控平台或使用符合条件的社会化卫星定位系统监控平台和车载终端,并有效接入全国重点营运车辆联网联控系统。

卫星定位系统平台应当符合以下标准要求:

(1)《道路运输车辆卫星定位系统平台技术要求》(JT/T 796)。

(2)《道路运输车辆卫星定位系统终端通讯协议及数据格式》(JT/T 808)。

(3)《道路运输车辆卫星定位系统平台数据交换》(JT/T 809)。

其中,"全国重点营运车辆联网联控系统"是由交通运输部建设的重点营运车辆动态信息公共交换平台工程项目。该系统通过实行统一的信息交换标准来整合各省(市)车辆动态信息监控资源,进而实现全国范围内重点营运车辆动态信息的跨区域、跨部门信息交换和共享。

道路运输车辆上安装的卫星定位装置应符合以下标准要求:

(1)《道路运输车辆卫星定位系统车载终端技术要求》(JT/T 794)。

(2)《道路运输车辆卫星定位系统终端通讯协议及数据格式》(JT/T 808)。

(3)《机动车运行安全技术条件》(GB 7258)。

(4)《汽车行驶记录仪》(GB/T 19056)。

其次,道路运输车辆卫星定位系统平台和车载终端应当通过有关专业机构的标准符合性技术审查。

人员配备:应当配备专职监控人员。专职监控人员配置原则上按照监控平台每接入100辆车设1人的标准配备,最低不少于2人。

管理要求:

(1)准确、完整地录入车辆和驾驶人员的基础资料。

(2)检查确保卫星定位装置正常使用,保持车辆运行实时在线。

(3)卫星定位装置出现故障不能保持在线的道路运输车辆,道路运输经营者不得安排其从事道路运输经营活动。

(4)不得破坏卫星定位装置以及恶意人为干扰、屏蔽卫星定位装置信号,不得篡改卫星定位装置数据。

(5)应当根据法律法规的相关规定以及车辆行驶道路的实际情况,按照规定设置监控超速行驶和疲劳驾驶的限值,以及核定运营线路、区域及夜间行驶时间等。其中,设置超速行驶和疲劳驾驶的限值,应当符合驾驶人员24h内实际驾驶车辆时间累计不超过8h,一次连续驾驶不超过4h,每次停车休息时间不少于20min。一般道路上最高车速为60km/h,高速公路上的最高车速为80km/h。

(6)根据企业实际情况,制定监控系统平台的24h值班要求。

第五章　危险货物道路运输企业车辆设备管理制度

（7）根据企业实际情况，在该制度中明确监控平台和车载终端的故障排查、故障报送和维护要求。常见车载终端故障现象及原因见表5-13。

车载终端常见故障现象及原因　　　　　　　　表5-13

故　障　现　象	可能原因分析
终端主机不工作（工作指示灯不亮）	（1）终端主机与电源线连接不正确； （2）电源的保险烧坏； （3）终端主机故障
显示屏、电源灯无任何显示	车载终端电源线脱落
无自检提示音	车载终端电源线脱落
屏按键无效	显示屏与主机连线未插好
电话无法接通	（1）GPRS天线未接好； （2）SIM/UIM卡欠费或未开通通话功能； （3）显示屏与主机连线未插好
显示屏的时间不对	（1）卫星定位终端天线被金属屏蔽物遮挡； （2）卫星定位终端天线与主机接口松落； （3）主机故障； （4）卫星定位终端天线故障

四、监控内容和程序

该条主要明确动态监控和管理需要监控哪些内容和不安全行为，另外就是具体监控的程序，比如如何发送信息、如何记录等的具体流程。

通常，监控专职人员需要监控的内容至少应包括：车辆不在线、异常停车、超速行驶、疲劳驾驶、逆向行驶、不按规定上传卫星定位数据、不按规定线路行驶、故意损坏车载终端、干扰屏蔽车载终端信号等违法、违规行为以及其他影响运输安全的行为。监控值班统计表见表5-14。

车辆动态信息监控（日）值班表（示例）　　　　　　　　表5-14

年　月　日　　时至　时　　　　值班员：　　　　单位：

实际车辆数（台）		在线车数（台）		车辆未在线原因	停运　　台
					故障　　台
车辆违章情况					
车辆牌号	监控时间	车辆位置	违章现象	处理情况	
信息发送情况					

值班人员签字：

注：此表如无违章违规车辆信息记录时，实行"零"报表，此表须经当日值班人员签字。

监控流程可以参考图5-16。

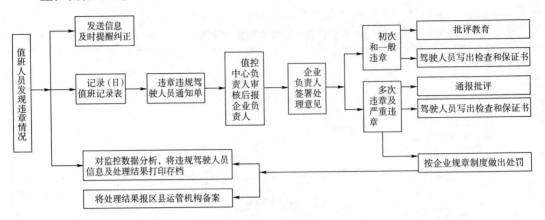

图5-16 车辆动态信息监控值班工作流程

五、信息发送

监控平台的信息发送主要包括以下3个方面。

（1）驾驶人员超速、疲劳驾驶等违法行为的警告信息：监控人员应实时分析、处理车辆行驶动态信息，及时提醒（语音或短信等方式）驾驶人员纠正超速行驶、疲劳驾驶等违法行为，并记录存档至动态监控台账。对经提醒仍然继续违法驾驶的驾驶人员，应当及时向企业安全管理机构报告，安全管理机构应当立即采取措施制止；对拒不执行制止措施仍然继续违法驾驶的，道路运输企业应当及时报告公安机关交通管理部门，并在事后解聘驾驶人员。

（2）有关道路交通事故以及天气、路况等安全提示和预警信息：监控人员也可以通过平台利用语音或短信等方式向车辆发送道路交通事故通报以及天气、路况等安全提示和预警信息等。

（3）对上级平台发送的信息，监控员要单独建立文档保存，根据信息内容和要求，及时向负责人汇报。对于上级平台发送的交通事故通报，监控员要及时将信息发送给事故线路上运行的企业车辆。

六、监控记录及违规处理

车辆卫星定位监控系统和车载终端管理档案或台账的记录，应包括安装、使用、监控、维护等环节，如安装台账、监控工作日志记录、信息发送记录、违法违规行为处理记录等。其中，动态监控数据应当至少保存6个月，违法驾驶信息及处理情况应当至少保存3年。对存在交通违法信息的驾驶人员，道路运输企业在事后应当及时给予处理。车辆动态监控日志记录见表5-15，月度统计表见表5-16，危险货物道路运输企业车辆动态监控考核表见表5-17。

车辆动态监控日志记录表

表5-15

日期：　年　月　日

白班监控员：		时间			日志记录人：			电话：			
夜班监控员：		时间			审核领导：			电话：			

序号	车牌号	是否营运	线路起止点	运输起止时间	驾驶人员	车辆卫星定位装置			违法违规					违法违规时间	违法违规处理结果	车辆卫星定位装置修复	备注
						正常	摄像头	是否在线	超速	超员	疲劳驾驶	不按规定线路行驶	未使用识别卡	凌晨2:00~5:00运行	其他			
1																		
2																		
3																		
4																		
5																		
6																		
7																		
8																		
9																		
10																		
发送预警信息数量									违法违规车辆台数							车辆卫星定位装置故障台数		

注：监控平台专职人员配备及岗位职责明确，实时监控车辆行驶动态，记录分析处理动态信息，及时提醒、提示违规行为。

车辆动态监控数据信息月度统计分析表　　表 5-16

统计时间			营运车辆总数			车辆 GPS 设备安装总数		
车辆上线总数		车辆总上线率		违章违规车辆总数		违章违规总次数		
未上线车号	未上线原因	处理情况	备注	违章违规车号	违章违规次数	违章违规类型	处理情况	备注

危险货物道路运输企业车辆动态监控考核表　　表 5-17

序号	检查项目	检查标准	检查方法	检查结果
1	平台技术资质	通过交通运输部标准符合性技术审查	查验证明材料,核查所选择的平台是否通过符合性技术审查	□符合资质 □不符合资质
2	平台备案情况	向省级道路运输管理机构备案	查验备案证明材料	□已备案　□未备案
3	平台联网联控情况	接入全国重点营运车辆联网联控系统	查验证明材料,核查所选择的平台是否接入全国重点营运车辆联网联控系统	□已接入　□未接入
4	平台维护良好,无故障	未出现平台故障情况	定期查验平台故障情况,统计平台故障率	□无故障 □存在故障
5	专职人员配备及培训情况	配备专职监控人员,并经过专业培训	查验人员材料及培训证明	□已配备　□未配备 □已培训　□未培训
6	监控人员在岗值班情况	未存在有人值班期间擅自离岗现象	统计查岗响应率	□按时在岗 □擅自离岗
7	安装使用车载卫星定位装置情况	安装符合要求的车载设备	定期查验车辆入网情况,统计车辆入网率	□全部入网 □未入网车辆
8	车辆动态监控数据维护情况	无伪造、篡改、删除车辆动态监控数据行为	查验公共监管平台数据,并与企业车辆日常运营情况进行比对	□无违法行为 □有违法行为
9	车载设备维护情况	无随意拆卸、破坏车载卫星定位装置行为,有无恶意人为干扰屏蔽卫星定位装置信息行为	查验公共监管平台数据,并与企业车辆日常运营情况进行比对	□无违法行为 □有违法行为
10	动态监管台账制度、违章处理记录	建立动态监管台账制度,动态数据至少保存 6 个月;建立违章处理记录,并至少保存 3 年	查阅制度文本,查验车辆动态监管台账及违章处理记录	□已建立 □未建立

第六章

危险货物道路运输企业安全生产会议、考核奖惩、事故报告制度

本章主要介绍危险货物道路运输企业安全生产会议、考核奖惩、事故报告制度等。

第六章 危险货物道路运输企业安全生产会议、考核奖惩、事故报告制度

第一节 安全生产会议制度

安全生产会议是安全生产管理的一项重要工作。在安全生产活动中,安全生产会议是危险货物道路运输企业领导机构及职能部门传达上级指示、总结工作、通报情况、研究问题、决定事项、布置任务、推动工作的一种重要形式,也是切实贯彻国家有关安全生产法律法规,及时了解和掌握企业各时期的安全生产情况,协调和处理公司生产组织过程中存在的安全问题,制定改善安全生产条件的措施,消除事故隐患,确保安全生产的一种手段。安全生产会议是安全管理过程中的重要环节,是贯彻落实、检查、整改安全管理的有效措施。

企业安全生产会议制度,至少应包括下列内容。

一、适用范围

安全生产会议制度适用范围应为企业内部开展的各级别安全生产会议。

二、实施主体及职责分工

根据企业的安全生产会议级别以及安全生产责任制,确定各级安全生产会议的实施主体和职责分工(包括制定、组织等)。比如,安全生产领导机构工作会议可以由企业总经理负责,分管生产安全副总经理助理负责等。安全生产管理机构负责组织各岗位和各职能部门负责人的安全生产工作例会等。

三、安全生产会议类别及内容

企业安全生产会议应分为安全生产领导机构工作会议及安全生产工作例会。
安全生产领导机构工作会议内容,至少应包括:
(1)企业在相应时间段内安全生产目标改进。
(2)安全生产岗位职责落实及安全管理重要人员变更。
(3)安全管理制度改进。
(4)安全生产情况分析。
(5)事故隐患整改情况。
(6)重要安全工作决策与部署等。
安全生产工作例会内容,至少应包括:
(1)企业在相应时间段内的安全生产工作与目标的实施情况。
(2)安全管理制度符合度评价。
(3)安全生产工作分析。

(4)安全工作实施部署等。

其中,安全生产工作会议的召开周期为每季度至少一次,遇有特殊情况可随时召开。安全生产工作例会的召开周期为每月至少一次,遇有特殊情况可随时召开。

四、会议记录要求

安全生产会议是及时了解和掌握各时期的安全生产情况,协调和处理公司生产组织过程中存在的安全问题,消除事故隐患,确保安全生产的重要措施。企业的安全生产会议记录要求一般包括会议照片记录、参会人员签名、记录人、会议主要内容等,具体见表6-1。

安全生产会议记录　　　　　　　　　　　　　　表6-1

会议地点			会议时间		
会议主题					
会议主持人			记录人		
会议内容					
参加人员签名	部门	姓名	职务	部门	姓名	职务

第六章 危险货物道路运输企业安全生产会议、考核奖惩、事故报告制度

五、其他需要明确的内容

除了会议召开周期和内容以及会议记录要求之外,对于会议的签到出席管理也是非常重要的。管理人员和从业人员的参会次数可以和企业的安全生产奖惩制度相挂钩,对于无故缺席会议的人员可以采取惩罚等措施。所以,除了上述提到的内容外,还应额外强调会议的签到和出席管理要求,比如明确参会人员不得无故缺席,确因特殊情况无法出席的,应事先向公司安全生产委员会办公室请假,并委托相关人员参加;参加会议的人员会前必须由本人签到,不准代签;各部门和员工要按会议要求认真实施,落实会议精神;参会人员应准时到会,主动关闭移动通信工具,保持会场纪律;会议形成的决定,相关部门和人员必须认真执行等内容。

第二节 安全生产考核与奖惩制度

安全生产考核与奖惩制度的制定和实施是企业安全生产管理的一个重要手段。企业在实施奖惩制度中,要坚持以奖为主、以罚为辅、赏罚分明、以人为本的基本原则。从本质上来讲,奖励属于正向激励,惩罚属于负向激励。成功的管理者必然是激励机制的自如掌控者。奖励制度是积极的、主动的、带有鼓励性的,是对企业员工优点的肯定和鼓励,能够持续或渐进地提高效率和发挥潜力,因此它应该在企业安全生产制度中占有主导地位。适度的惩罚有积极意义,过度惩罚是无效的,滥用惩罚的企业肯定不能长久!不能否定,在提高员工积极性方面,奖励比惩罚有效;但是在保障企业安全生产制度执行方面来说,惩罚似乎更有效。企业制度的执行需要的是稳定有序的环境,惩罚带来的心理反应是恐惧和威慑,可以对人的行为起到良好的规范警戒作用,是一种硬性制约。对于企业的员工来说,惩罚是一种制约机制,也就是企业发展的一种规矩,没有规矩不成方圆,应该是人人皆知的一种朴素的管理制度。同时,惩罚是对员工的否定,一个经常被否定的员工,有再多的工作热情也会荡然无存,即便是仅存的一点责任心也会随之失去,对惩罚制度的使用要慎之又慎,所以惩罚制度仅仅是对奖励制度的补充和辅助。

企业制定安全生产奖惩制度的前提:

(1)要以员工的安全工作为出发点建立奖励制度,即必须了解员工的安全文化需求层次和动态变化。

(2)要建立适合企业自身安全生产情况的奖励制度。

(3)要通过奖励制度提高员工对于企业安全生产的忠诚度,不断强化员工对于企业安全生产的责任心。

(4)企业要建立精确、公平的奖惩制度。

(5)企业安全生产奖惩制度要对全员进行覆盖。

（6）要采用多种奖励制度并综合运用。

一、适用范围及对象

本制度适用于企业各岗位的安全生产考核与奖惩。安全生产岗位一般包括主要负责人、分管安全的企业负责人、安全管理部门负责人、专职安全管理人员、驾驶人员、押运人员、装卸管理人员及其他岗位人员。

二、实施主体及其职责分工

具体可以参见危险货物道路运输企业安全生产责任制的编写指南。

三、安全生产考核的具体方法和内容

需要在该制度中明确对各部门及各岗位人员实施考核的具体方法、程序、考核周期和内容等。

考核类型包括日常巡查、突击检查、问卷调查、受理投诉、事故调查与处理等。

考核内容可包括安全生产目标落实情况，安全管理组织状况，安全生产管理制度执行与落实情况，安全活动开展情况（包括安全检查、安全教育培训、安全台账），安全指标完成情况，安全生产事故情况，安全操作规程执行情况，安全意识和职业道德等。从业人员的考核内容可包括：

（1）遵守国家法律法规和行业标准，以及公司相关安全管理制度情况。

（2）违法、违章违纪情况。

（3）车辆车况及安全设施完好情况。

（4）发生道路交通事故的上报、处理及频率情况。

（5）安全操作规程执行情况。

（6）参加安全教育培训学习和安全活动情况。

（7）驾驶人心理和生理健康状况等。

（8）其他。

四、奖惩的类型

安全生产奖励和惩罚的主要类型包括批评教育、书面检查、通报处理、停工学习、经济处罚、行政处罚等。

奖励类型可包括精神奖励和物质奖励等方式。其中，物质激励是基本奖励形式，主要指满足职工物质利益方面需要所采取的激励，例如奖金、奖品、增加工资、提高福利标准等；精神激励是较高形式的奖励形式，主要指满足职工精神需要所采取的激励，例如表扬、评先进、委以重任、提升等。结合企业的实际情况，采取具体的奖惩类型。

针对不同的人群要采用不同的奖励机制，因为不同层次的人员有着不同的需求：企业

第六章 危险货物道路运输企业安全生产会议、考核奖惩、事故报告制度

危险货物道路运输企业安全生产绩效考核标准

表 6-2

序号	考核指标及条件		分数	考核方法	检查记录	得分
1	机构设置	运输企业按照国家有关法律法规规定，设置安全生产管理机构情况	2	查阅文件及安全会议记录，无成立机构文件扣1分，无安全会议记录扣1分		
2		运输企业按照国家有关法律法规规定，配备专兼职安全管理人员的情况	2	查阅文件或询问有关人员，无任命安全管理人员文件扣2分		
3		道路运输单位主要负责人和安全生产管理人员，应当由主管的负有安全生产监督管理职责的部门对其安全生产知识和管理能力考核合格	2	单位主要负责人无资格证扣1分，安全生产管理人员无资格证扣1分		
4	责任体系建设	建立健全本单位安全生产责任制	2	查阅制度文本并询问有关人员，未制订生产责任制扣2分		
5		组织制订本单位安全生产规章制度和操作规程	2	查阅制度文本并询问有关人员，未制订制度的扣2分		
6		组织制订并实施本单位安全生产教育和培训计划	2	查阅制度文本并询问有关人员，未制订安全生产教育和培训计划扣2分		
7	主要负责人职责	保证本单位安全生产投入的有效实施	2	查阅安全生产投入台账，未建账或无相关记录的扣2分		
8		督促、检查本单位的安全生产工作，及时消除生产安全事故隐患	2	查阅安全事故隐患检查记录，无记录的扣2分		
9		组织制订并实施本单位的生产安全事故应急救援预案	2	查阅应急救援预案，未制订预案的扣1分，未实施演练的扣2分		
10		及时、如实报告生产安全事故	2	查阅安全生产事故统计表，未按规定报告的扣2分		
11	安全生产管理机构以及安全管理人员职责	组织或者参与拟订本单位安全生产规章制度、操作规程和生产安全事故应急救援预案	2	查阅相关制度，未组织或参与拟定相关制度的扣2分		
12		组织或者参与本单位安全生产教育和培训，如实记录安全生产教育和培训情况	2	未组织安全生产教育和培训的扣1分，未记录相关教育和培训情况扣1分		

续上表

序号	考核指标及条件		分数	考核方法	检查记录	得分
13	安全生产管理机构及安全生产管理人员职责	督促落实本单位重大危险源的安全管理措施	2	查阅单位重大危险源管理制度，无重大危险源管理相关记录扣2分		
14		组织或者参与本单位应急救援演练	2	查阅应急演练方案和演练总结，未组织或参与演练的扣2分		
15		检查本单位的安全生产状况，及时排查安全事故隐患，提出改进安全生产管理的建议	2	查阅安全生产事故隐患检查记录，无记录扣1分，未制定整改措施的扣1分		
16		制止和纠正违章指挥、强令冒险作业、违反操作规程的行为	2	查阅安全生产事故隐患检查记录，发现违规行为未制止和纠正的扣1分		
17		督促落实本单位安全生产整改措施	2	查阅安全生产事故隐患检查记录，无督促落实整改措施的扣2分		
18	责任体系建设	对安全生产状况进行经常性检查；对检查中发现的安全问题，应当立即处理；不能处理的，应当及时报告本单位有关负责人，有关负责人应当及时处理。检查及处理情况应当如实记录在案	2	查阅安全生产事故隐患检查记录，发现安全问题未及时处理的扣1分，未及时报告有关负责人的扣1分		
19		安全生产责任制应当明确各岗位的责任人员、责任范围和考核标准等内容	2	查阅制度文本并询问有关人员，无各级安全生产责任的扣2分		
20	层级安全生产责任制的建立和落实情况	建立相应的机制，加强对安全生产责任制落实情况的监督考核，保证安全生产责任制的落实	2	查阅制度文本并询问有关人员，无安全生产责任制落实情况的扣2分		
21	全员"一岗双责"制度的建立和落实情况	按"党政同责、一岗双责"的要求，建立全员一岗双责制度，并健全安全工作记录	2	查阅制度文本并询问有关人员，无制度扣1分，无落实情况记录的扣1分		

第六章 危险货物道路运输企业安全生产会议、考核奖惩、事故报告制度

续上表

序号	考核指标及条件	分数	考核方法	检查记录	得分
22	交叉作业的安全管理	两个以上生产经营单位在同一作业区域内进行生产经营活动，可能危及对方生产安全的，应当签订安全生产管理协议，明确各自的安全生产管理职责和应当采取的安全措施，并指定专职安全生产管理人员进行安全检查与协调	2	查阅安全生产管理协议并询问有关人员，无安全生产管理协议的扣1分，未指定专职安全生产管理人员的扣1分		
23	承包和承租单位的安全管理	生产经营项目、场所发包或者出租给其他单位的，专门代出的安全生产管理协议，或者在承包合同、租赁合同中约定各自的安全生产管理职责；生产经营单位对承包单位、承租单位统一协调、管理，定期进行安全检查，发现安全问题的，应当及时督促整改	2	查阅承包和承租协议，无安全生产管理协议的扣1分，未开展定期安全检查的扣1分		
责任体系建设					
24	企业主要负责人、安全管理部门负责人、专职安全管理人员安全生产责任制度		2	查阅制度文本并询问有关人员，无制度的扣2分		
25	从业人员安全生产责任制度		2	查阅制度文本并询问有关人员，无制度的扣2分		
26	安全生产监督检查制度		2	查阅制度文本和安全生产事故隐患排查记录，无制度的扣1分，无检查记录的扣1分		
27	安全生产教育培训制度		2	查阅制度文本和从业人员安全培训记录，无制度的扣1分，无安全培训记录的扣1分		
28	从业人员、专用车辆、设备及停车场地安全管理制度		2	查阅制度文本和相关安全管理记录，无制度的扣1分，无相关安全管理记录的扣1分		
29	应急救援预案制度		2	查阅制度文本，无制度的扣2分		
30	安全生产作业规程		2	查阅制度文本和现场作业情况，无规程的扣1分，现场作业不符合安全生产要求的扣1分		
规章制度建设					
31	安全生产考核与奖惩制度		2	查阅制度和奖惩记录，无制度的扣1分，无相关奖惩记录扣1分		

续上表

序号	考核指标及条件	分数	考核方法	检查记录	得分
32	安全事故报告、统计与处理制度	2	查阅制度文本和相关管理记录,无制度的扣1分,无相关管理记录的扣1分		
33	劳动防护用品管理制度	2	查阅制度文本和相关管理记录,无制度的扣1分,无相关管理记录的扣1分		
34	其他安全管理制度	2	查阅制度文本和相关安全管理记录,无制度的扣1分,无相关安全管理记录的扣1分		
35	车辆动态监控管理制度	2	查阅制度文本和相关安全管理记录,无制度的扣1分,无相关安全管理记录的扣1分		
36	应当具备安全生产条件所必需的资金投入,由生产经营单位的决策机构、主要负责人或者个人经营的投资人予以保证,并对由于安全生产所需的资金投入不足导致的后果承担责任。按上年度营业收入的1.5%建立年度安全生产专项经费,并列入年度预算: (1)安全生产教育和培训投入; (2)配备、更新、改造和维护安全防护设备、设施投入; (3)风险源的检测、评估和监控投入; (4)应急救援器材、设备投入; (5)应急救援演练投入; (6)劳动防护用品投入; (7)安全生产奖励投入	2	查阅各项保障安全生产投入的制度和措施,未建立相关制度的扣1分,无安全生产投入凭证的扣1分		
37	建立健全安全事故隐患排查治理制度,采取技术、管理措施,及时发现并消除事故隐患。事故隐患排查治理情况应当如实记录,并向从业人员通报	2	查阅安全生产事故隐患排查治理制度文本,未建立制度的扣1分,未及时发现消除事故隐患的,扣1分		
38	隐患排查治理月度统计报送	1	每月向道路运输管理机构报送隐患排查统计表,未报送的扣1分		
39	重大隐患的挂牌督办整改情况	1	有重大隐患记录但未整改的,扣1分		

规章制度建设 / 安全生产投入 / 隐患和事故整改

第六章 危险货物道路运输企业安全生产会议、考核奖惩、事故报告制度

续上表

序号	考核指标及条件	分数	考核方法	检查记录	得分
40	事故统计、信息报送、原因分析、事故教训总结	1	无事故统计、信息报送、原因分析、事故教训总结记录的扣1分		
41	责任追究和领导问责	1	查出的重大事故,无责任追究和领导问责的扣1分		
42	对重大危险源应当登记建档,进行定期检测、评估、监控,并制订应急预案,告知从业人员和相关人员在紧急情况下应当采取的应急措施。应当按照国家有关规定将本单位重大危险源及有关安全措施、应急措施报有关地方人民政府安全生产监督管理部门和有关部门备案	2	未建立重大危险源登记、检测、评估、监控制度的扣1分,未向有关部门备案的扣1分		
43	制订本单位生产安全事故应急救援预案,与所在地县级以上地方人民政府组织制订的生产安全事故应急救援预案相衔接,并定期组织演练	2	未制订本单位生产安全事故应急救援预案的扣1分,未定期组织演练的扣1分		
44	应当配备必要的应急救援器材、设备和物资,并进行经常性维护、修理,保证正常运转	2	查阅应急救援器材、设备和物资台账和维护、修理记录,无台账的扣1分,无维护、修理记录的扣1分		
45	从业人员发现事故隐患或者其他不安全因素,应当立即向现场安全生产管理人员或者本单位负责人报告;接到报告的人员应当及时予以处理	2	查阅事故隐患排查记录,未接到报告的扣1分,相关人员接到报告未及时报告处理的扣1分		
46	隐患和事故整改 经营单位发生生产安全事故后,事故现场有关人员应当立即报告本单位负责人。单位负责人接到事故报告后,应当迅速采取有效措施,组织抢救,防止事故扩大,减少人员伤亡和财产损失,并按照国家有关规定立即如实报告当地安全生产监督管理部门,不得隐瞒不报、谎报或者迟报,不得故意破坏事故现场、毁灭有关证据	2	单位负责人接到事故报告后,未采取有效措施组织抢救的扣1分,未向有关部门报告的扣1分		
47	生产经营单位发生生产安全事故时,单位的主要负责人应当立即组织抢救,并不得在事故调查处理期间擅离职守	2	单位的主要负责人在事故调查处理期间擅离职守的扣2分		

续上表

序号	考核指标	考核指标及条件	分数	考核方法	检查记录	得分
48	安全生产事故指标控制情况	运输企业遏制事故发生,控制事故指标的情况,包括事故件数、死亡人数、重大及以上事故情况等	4	发生死亡3人以下事故扣2分,发生死亡3~5人事故扣3分,发生死亡6~9人事故扣4分,发生死亡10人以上事故安全生产绩效考核不合格		
49	人员培训教育	从业人员教育和培训计划情况	2	查阅从业人员教育和培训记录,无培训记录扣1分,每人每年培训时间未达到20学时的扣1分		
50		人员取得有关从业资格情况	2	查阅从业人员从业资格证,发现从业人员无资质,扣2分		
51		建立安全生产教育和培训档案,如实记录安全生产教育和培训时间、内容、参加人员以及考核结果的情况	2	未建立安全生产教育和培训档案扣1分,档案内容不健全扣1分		
考核意见						

表6-3

安全奖惩登记表

序号	姓名	时间	奖惩原因及依据	金额(元)	
				奖	惩

第六章 危险货物道路运输企业安全生产会议、考核奖惩、事故报告制度

领导主要追求的是减少安全事故,实现安全目标;而普通职工主要追求的是不发生人身事故和处罚,不受到上级的批评和处罚,能获得最大的劳动报酬,得到尊重。虽然他们的共同点都是安全生产,但因岗位不同,需要层次也不一样。因此对他们采取的奖励方法和标准也应不一样。对企业领导、管理人员和工程技术人员应从企业声誉、个人地位等方面去进行奖励;对普通职工应从个人前途、物质奖励等方面去制定奖励制度。制定奖励标准时,不能忽略被奖励对象的层次需求,必须根据不同的人员、不同的时间、不同的层次需要,采取不同的奖励方法,才能收到较好的效果。

五、奖励和处罚的条件

奖惩处罚条件是安全生产考核与奖惩制度的关键内容。由于奖励和处罚与各岗位人员的工作要求及其工作性质相关,所以必须结合企业的安全生产责任制和操作规程来细化。通常,采用安全生产奖励和处罚明细表的方式,包括应受到奖励或处罚的人员及其行为,以及对应的奖惩方式和标准(如经济奖励、扣分、经济处罚等)。其中,安全生产惩罚范围可以包含如违反各项规章制度的部门和个人、导致事故扩大或重复事故发生者、破坏或伪造事故现场等;安全生产奖励范围可以包括如无交通违法记录,遵章守纪、模范执行安全操作规程,对安全生产、事故处理工作做出贡献的部门和个人等。

六、奖惩档案或台账的记录要求

奖惩的前提是对各岗位人员的安全生产进行考核。所以,企业除了奖惩档案外,还应有各种安全生产考核表。其中,安全生产考核档案应该包括考核时间、考核对象、考核人员、考核标准及结果等信息,具体可以参考表 6-2 所示的考核方式。奖惩档案或台账主要记录奖惩的对象、原因和依据以及奖惩类型等信息,具体见表 6-3。

七、需明确的其他内容

此外,在安全生产考核与奖惩制度中还需要明确具体的奖惩实施程序,包括奖惩结果通报、罚款的上缴或奖励的发放,以及安全生产奖惩费用的来源及构成等。

第三节 安全事故报告、统计与处理制度

危险货物道路运输安全是人、车、路、环境以及货物多个因素共同协调运行来完成的,一旦其中某一因素或某几个因素出现不安全状态或者不协调,就会导致事故的发生。事故的形态也是多种多样,有的仅是导致车辆或者货物的损坏,有的导致货物泄漏起火甚至引起爆炸。既然事故不可完全避免,就需要积极应对事故发生后的各种状态,采取正确有效的应急措施,尽可能减少事故所带来的后果。这一方面依赖于驾驶人员、押运人员的现场处理措施,也依赖于企业以及公共安全应急处理部门的通力合作,因此,事故发生后的报告

显得尤为重要。如何在最短的时间内将事故现场的重要信息传递给救援部门,以便更好地采取针对性措施是事故应急救援处理的第一步。此外,对事故的处理分析,从中了解事故发生的原因,分析安全生产管理中存在的薄弱点,进而采取措施去消除和避免再次发生相同事故,是进行事故处理的最终目的,也是企业安全管理的重要内容。

在各类生产经营活动中,由于主客观等多方面的原因,往往导致生产安全事故的发生,发生事故后及时向单位负责人和有关主管部门报告,对于及时采取应急救援措施、防止事故扩大、减少人员伤亡和财产损失有着至关重要的作用。为了明确责任、规范事故的报告、调查处理和统计工作,在法律约束的同时,结合公司实际情况,制定安全事故报告、统计与处理制度。涉及事故的部分法律法规及规章见表6-4。

法律法规及规章对事故报告的要求　　　　　　　　　　　表6-4

法律法规名称	条　目	具体内容
安全生产法	第八十条	生产经营单位发生生产安全事故后,事故现场有关人员应当立即报告本单位负责人
生产安全事故报告和调查处理条例	第九条	事故发生后,事故现场有关人员应当立即向本单位负责人报告;单位负责人接到报告后,应当于1h内向事故发生地县级以上人民政府安全生产监督管理部门和负有安全生产监督管理职责的有关部门报告; 情况紧急时,事故现场有关人员可以直接向事故发生地县级以上人民政府安全生产监督管理部门和负有安全生产监督管理职责的有关部门报告
危险化学品安全管理条例	第五十一条	剧毒化学品、易制爆危险化学品在道路运输途中丢失、被盗、被抢或者出现流散、泄漏等情况的,驾驶人员、押运人员应当立即采取相应的警示措施和安全措施,并向当地公安机关报告
危险化学品安全管理条例	第七十一条	事故单位主要负责人应当立即按照本单位危险化学品应急预案组织救援,并向当地交通运输主管部门、安全生产监督管理部门和环境保护、公安、卫生主管部门报告
危规	第四十九条	在危险货物运输过程中发生燃烧、爆炸、污染、中毒或者被盗、丢失、流散、泄漏等事故,驾驶人员、押运人员应当立即根据应急预案和《道路运输危险货物安全卡》的要求采取应急处置措施,并向事故发生地公安部门、交通运输主管部门和本运输企业或者单位报告。 运输企业或者单位接到事故报告后,应当按照本单位危险货物应急预案组织救援,并向事故发生地安全生产监督管理部门和环境保护、卫生主管部门报告
道路运输从业人员管理规定	第四十五条	发生燃烧、爆炸、污染、中毒或者被盗、丢失、流散、泄漏等事故……驾驶人员、押运人员应当立即向当地公安部门和所在运输企业或者单位报告,说明事故情况、危险货物品名和特性,并采取一切可能的警示措施和应急措施,积极配合有关部门进行处置

第六章　危险货物道路运输企业安全生产会议、考核奖惩、事故报告制度

一、适用范围

本制度适用于企业发生安全生产事故、道路交通事故的报告、统计和处理。

二、实施主体及其职责分工

安全生产事故的报告、统计和处理涉及多个部门。在事故报告中,首先是事故现场的作业人员,如驾驶人员或者押运人员;企业报告人员主要是企业的主要负责人等。而事故的统计一般由企业安全生产管理机构来执行,事故的处理则根据事故类型来确定。较小的事故则可由事故发生部门内部处理,较大的事故则需要企业主要负责人和安全生产管理机构来牵头组织处理。

三、安全事故分类和等级划分

生产安全事故是指生产经营单位在生产经营活动(包括与生产经营有关的活动)中突然发生的,伤害人身安全和健康,或者损坏设备设施,或者造成经济损失,导致原生产经营活动(包括与生产经营活动有关的活动)暂时中止或永远终止的意外事件。

《生产安全事故报告和调查处理条例》中规定,根据生产安全事故(以下简称事故)造成的人员伤亡或者直接经济损失,事故一般分为以下等级:

(1)特别重大事故,是指造成30人以上死亡,或者100人以上重伤(包括急性工业中毒,下同),或者1亿元以上直接经济损失的事故。

(2)重大事故,是指造成10人以上30人以下死亡,或者50人以上100人以下重伤,或者5000万元以上1亿元以下直接经济损失的事故。

(3)较大事故,是指造成3人以上10人以下死亡,或者10人以上50人以下重伤,或者1000万元以上5000万元以下直接经济损失的事故。

(4)一般事故,是指造成3人以下死亡,或者10人以下重伤,或者1000万元以下直接经济损失的事故。

根据《道路交通安全法》第一百一十九条的规定:"(五)交通事故,是指车辆在道路上因过错或者意外造成的人身伤亡或者财产损失的事件",交通事故的级别大致可以分为以下几类:

(1)轻微事故,是指一次造成轻伤1~2人,或者财产损失机动车事故不足1 000元,非机动车事故不足200元的事故。

(2)一般事故,是指一次造成重伤1~2人,或者轻伤3人以上,或者财产损失不足3万元的事故。

(3)重大事故,是指一次造成死亡1~2人,或者重伤3人以上10人以下,或者财产损失3万元以上不足6万元的事故。

(4)特大事故,是指一次造成死亡3人以上,或者重伤11人以上,或者死亡1人,同时重

伤8人以上,或者死亡2人,同时重伤5人以上,或者财产损失6万元以上的事故。

此外,按事故责任分类可分为责任事故和非责任事故,按事故类别分类可分为伤亡事故、燃烧爆炸事故、泄漏事故等。

四、事故报告的基本内容

在信息报告方面,全面、准确、及时地将信息报送到相关部门是驾驶人员和押运人员最主要的职责,因此合理地确定事故报告内容,显得尤为主要。

《生产安全事故报告和调查处理条例》的第九条规定,事故发生后,事故现场有关人员应当立即向本单位负责人报告;单位负责人接到报告后,应当于1h内向事故发生地县级以上人民政府安全生产监督管理部门和负有安全生产监督管理职责的有关部门报告。情况紧急时,事故现场有关人员可以直接向事故发生地县级以上人民政府安全生产监督管理部门和负有安全生产监督管理职责的有关部门报告。

根据《生产安全事故报告和调查处理条例》第十二条的规定,报告事故应当包括下列内容:

(1)事故发生单位概况,主要包括单位的全称、所处地理位置、所有制形式和隶属关系、生产经营范围和规模、持有各类证照的情况、单位负责人的基本情况以及近期的生产经营状况等一般情况。

(2)事故发生的时间、地点以及事故现场情况。报告事故发生的时间应当具体,并尽量精确到分钟。地点要准确,除事故发生的中心地点外,还应当报告事故所波及的区域。报告事故发生前后的现场情况,便于前后比较,分析事故的原因。

(3)事故的简要经过。简要经过是对事故全过程的简要叙述,核心要求在于"全"和"简"。"全"就是要全过程描述,"简"就是要简单明了。描述要前后衔接、脉络清晰、因果相连。

(4)事故已经造成或者可能造成的伤亡人数(包括下落不明的人数)和初步估计的直接经济损失。对于人员伤亡情况的报告,应当遵守实事求是的原则,不作无根据的猜测,更不能隐瞒实际伤亡人数。对直接经济损失的初步估算,主要指事故所导致的建筑物的毁损、生产设施设备和仪器仪表的损坏等。在报告这方面情况时应当谨慎细致,力求准确。

(5)已经采取的措施,主要是指事故现场有关人员、事故单位负责人、已经接到事故报告的安全生产管理部门为减少损失、防止事故扩大和便于事故调查所采取的应急救援和现场保护等具体措施。

(6)其他应当报告的情况。

对于载运危险货物或油类的车辆发生交通事故,造成或可能造成运输物质泄漏、扩散,导致重大生态环境危害、交通阻塞或威胁人民生命安全的情况,根据《交通运输突发事件信息报告和处理方法》以及《危险货物道路运输企业运输事故应急预案编制要求》(JT/T 911—

第六章　危险货物道路运输企业安全生产会议、考核奖惩、事故报告制度

2014)的要求,事故信息报告的内容,至少应包括以下部分:

(1)报告人姓名、联系方式。

(2)发生的事故及部位。

(3)发生时间、具体地点(如×××公路×××km处)、行驶方向。

(4)车辆牌照、荷载吨位、车辆类型、罐车罐体容积、当前状况。

(5)UN 编号、危险货物品名、数量、当前状况。

(6)人员伤亡及危害情况。

(7)已采取或拟采取的应急处置措施。

报警时,还可以进一步强调事故性质,如由交通事故引发的危险货物泄漏、火灾、爆炸等。

五、事故报告对象

危险货物道路运输事故发生后,驾驶人员、押运人员要立即报告事发地公安交通管理部门和本企业。

由于在实际运输过程中发生的危险货物道路运输事故,大多数是交通事故或是由交通事故导致危险货物泄漏、燃烧、爆炸等责任事故,故发生事故后第一时间报告公安交通管理部门。此外,《危险化学品安全管理条例》要求道路运输过程中发生危险化学品事故的,驾驶人员或者押运人员还应当向事故发生地交通运输主管部门报告。事故报警流程如图6-1所示。

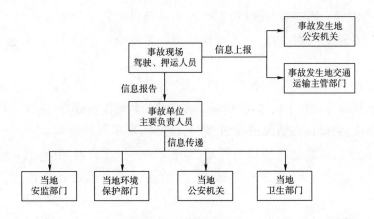

图 6-1　事故报警流程

事故现场的驾驶、押运人员要及时向事故发生地公安机关、交通运输主管部门报警,并向本企业汇报。企业在接到事故报告后,及时有效地向安全生产监督管理部门、环境保护主管部门、卫生主管部门等进行通报,并立即启动应急预案,会同最了解所运危险货物性质的托运人采取检修、灭火、维护现场秩序、警戒设置等应急措施,联络、协助相关救援部门、单位进行事故救援。

六、现场保护和救护的基本要求

对交通事故现场进行保护，以便交通管理部门进行勘验、检查、收集证据。所以，现场的从业人员不仅需要维护好现场，同时也应在确保自身安全和公共安全的前提下，做好事故现场的应急和急救处理。

事故发生后，驾驶、押运人员需采取现场保护和应急的措施有：

（1）关闭发动机，关闭电源总开关，拉紧驻车制动器操纵杆，固定车辆防止溜动。可能的话将车辆行驶到无遮蔽物的空地。下车前，带上运输单据，将其重要信息交给施救人员，以便减轻施救难度。

（2）个体防护，以确保自身安全。带上驾驶室里放置的应急设备，并正确使用个人防护装备，如穿防护服、佩戴自供正压式呼吸器、停留在上风向等。发生人员伤亡时要积极抢救伤员，并作标记保护现场，抓紧取出备用的应急装备包，穿戴好防护装备；如无法取出装备，采取简易有效的防护措施保护自己。

（3）初期应急处置。事故报告后，驾驶人员应根据危险货物的不同特性，采取相应的应急措施，如针对爆炸品爆炸燃烧等事故，需用水冷却灭火，不能采取窒息法或隔离法；对其洒漏物，应及时用水湿润，再撒以锯末或棉絮等松软物品收集并保持相当湿度，报请公安部门或消防人员处理。

（4）用警告标志、警示灯、警戒带等物品通告往来车辆发生事故的地点，协助疏散人员。警告标志和警戒的设置应按照《中华人民共和国道路交通安全法实施条例》和《危规》的规定规范设置。隔离事故现场，把现场人员疏散或转移至安全区域，应选择安全的撤离路线，一般是从上风侧离开，并在现场周边设置安全警示标志，提示过往行人和车辆注意避让。

（5）现场保护。肇事车停位、伤亡人员倒位、各种碰撞碾压的痕迹、制动拖痕、血迹及其他散落物品均属保护内容，不得破坏、伪造。如危险货物泄漏有爆炸、火灾、中毒可能危及安全时，驾驶人员应劝导阻止无关人员和车辆进入现场。

（6）根据车上运载的危险品货物性质、危害特性、包装容器的使用特性，采取相应的应急措施。如油罐运输车、液化气运输车、腐蚀品运输车采取相应的应急器材和防护用品。

（7）发生火灾等事故。遇到火灾初期，可迅速取出灭火器灭火，或用路边沙土扑救；火势失控应放弃个人扑救，采取应急疏散、撤离和逃生措施，待消防救援力量到场后，配合开展救援行动。

（8）有关提示事项：

①在高速公路上，驾驶、押运人员要注意自身安全防护，必须停留在安全区域。

②在高架桥上，要提示引导相关人员沿桥面疏散、撤离和逃生。

③在夜间，要摆放应急警示灯，提示过往车辆注意避让。

第六章　危险货物道路运输企业安全生产会议、考核奖惩、事故报告制度

④在人员密集区域时,要告诫围观群众远离,且现场周边严禁烟火。

⑤遇突发自然灾害时,驾驶人员应立即将危险货物车辆停放于安全地带。

现场救护的目的是挽救生命、防止恶化、促进康复。救护原则为先人后物、先重后轻、先己后人。同时,营救伤员时不要前往不必要的危险地带。若伤员无直接的身体或生命危险,最好委托受过培训的急救员、急救医生、消防人员营救。这同样适用于急救措施。不要害怕向其他行车人员寻求帮助。

①紧急呼救。当紧急事故发生时,应尽快拨打电话120、110呼叫急救车,或拨打当地担负急救任务医疗部门的电话。

②先救命后治伤,先重伤后轻伤。在事故的抢救工作中不要忙乱,不要被轻伤员的喊叫所迷惑,而使危重伤员落在最后抢救,一定要本着先救命后治伤的总原则。

③先抢后救,抢中有救,尽快脱离事故现场。在可能再次发生事故或引发其他事故的现场,如失火可能引起爆炸的现场,应先抢后救,抢中有救,尽快脱离事故现场,以免发生爆炸或有害气体中毒等,确保救护者与伤者的安全。

④先分类再运送。不管伤轻伤重,甚至对大出血、严重撕裂伤、内脏损伤、颅脑损伤伤者,如果未经检伤和任何医疗急救处置就急送医院,后果十分严重。因此,必须坚持先进行伤情分类,再把伤员集中到标志相同的救护区;有的伤员需等待伤势稳定后方能运送。

⑤医护人员以救为主,其他人员以抢为主。救护人员应各负其责,相互配合,以免延误抢救时机。通常先到现场的医护人员应该担负现场抢救的组织指挥职责。

⑥消除伤员的精神创伤。一切有生命威胁的刺激对人都能引起强烈的心理效应,进而影响行为活动。事故给伤员造成的精神创伤是明显的,对伤员的救护除现场救护及早期治疗外,尽可能减轻其精神上的创伤。

⑦创面的救护措施。为应对紧急情况,公司员工都应学习和掌握止血、包扎、固定、搬运等技术,对伤员进行紧急处理。

⑧正确处理窒息性气体引起的急性中毒。存在窒息性气体的事故现场,引起危害的特点是突发性、快速性、高度致命性,救护人员应戴防护用具,正确施救,以降低死亡率,并防止救护人员中毒。

驾驶人员在事故处置中的义务:

(1)作为驾驶人员请您不要离开事故现场;如有需要,第一时间报警。

(2)帮助疏散周边人群。

(3)为专业应急救援人员(包括警察、消防员)提供运单、安全技术说明书或安全卡等资料,帮助专业救援人员及时、准确了解所运输的危险货物的名称、数量等。

(4)事故报告。协助有关部门做好事故记录。

七、事故调查报告

事故调查是指事故发生后对现场进行认真检查、确定起因、明确责任,并采取措施避免

事故的再次发生的过程。事故调查程序大致可以分为以下几个环节。

1. 现场勘察

(1) 查看事故现场的设备、作业环境状况。

(2) 拍摄、记录有关的痕迹和物件,绘制有关处理的示意图。

(3) 收集和妥善处理与事故有关的物证。

2. 收集资料

(1) 向有关人员调查事故经过和原因,并做好询问记录。

(2) 有关规章制度及执行情况,设计和工艺技术等资料。

(3) 事故受害人或肇事者过去事故记录和事故前健康状况。

(4) 伤亡人员所受伤害程度的医疗诊断证明或公安部门的验尸报告。

(5) 对设备、设施、原材料所做的技术鉴定材料或试验报告。

(6) 安全生产责任制落实及有关监督管理情况。

(7) 其他资料。

3. 事故分析

(1) 确定事故类别。

(2) 确定事故的直接原因和间接原因。

(3) 根据事故调查组所确认的事实,通过对直接原因和间接原因的分析,确定事故的直接责任者、主要责任者和领导责任者。直接责任者指其行为与事故发生有直接关系的人;主要责任者指其行为对事故发生起主要作用的人;领导责任者指其行为对事故发生负有领导责任的人。

4. 事故处理

根据事故后果和事故责任者应负的责任提出处理意见。

5. 拟订改进措施

针对事故原因,提出加强安全生产管理的具体要求。

6. 写出事故调查报告

事故调查报告应包括以下内容,并附有相关证据材料:

(1) 事故发生经过和救援情况。

(2) 事故造成的人员伤亡和直接经济损失。

(3) 事故发生原因及性质认定。

(4) 事故责任划分及责任者的处理建议。

(5) 事故教训及防范措施。

(6) 其他需要报告的问题。

事故调查组在调查过程中,必要时可以邀请其他部门的人员和有关专家参加。事故调查组成员与所发生事故有直接利害关系者应予回避。事故调查组成员应当在事故调查报告上签名。另外,事故调查处理应遵循"四不放过"原则,即事故原因未查清不放过;事故责任

第六章 危险货物道路运输企业安全生产会议、考核奖惩、事故报告制度

道路运输行业行车事故快报

表 6-5

填报单位（盖章）：　　　　　　　　　　　　　　　　　　　　　　　　　　　　　　　　有效期至：

事故分类	(1)死亡3人及以上的行车事故；(2)涉及外籍人员死亡的行车事故；(3)造成重大污染的危险化学品运输事故
事故形态	(1)碰撞；(2)刮擦；(3)碾压；(4)翻车；(5)坠车；(6)失火；(7)撞固定物；(8)撞静止车辆；(9)其他
事故发生时间	年　月　日　时　分
事故发生地点	
天气情况	(1)雾；(2)雨；(3)冰雪；(4)其他
事发路段公路技术等级	(1)高级；(2)一级；(3)二级；(4)三级；(5)四级；(6)等外
事发路段线形状况	(1)直线；(2)弯道；(3)坡道；(4)山区路；(5)临崖路；(6)临河路；(7)高架桥；(8)其他
事发路段路面状况	(1)积水；(2)积雪；(3)覆冰；(4)占道施工；(5)其他
事故直接原因	(1)超载；(2)超速；3超车；(4)疲劳驾驶；(5)驾驶人员操作不当；(6)机械故障；(6)爆胎；(7)公路及设施原因；(8)其他
运行路线	
线路类别	(1)省际班线；(2)市际班线；(3)县际班线；(4)县内班线；(5)旅游班线；(6)包车线路
发生事故单位	企业资质等级

续上表

项目			
始发站（地）			
车站等级	（1）一级车站；（2）二级车站；（3）三级车站；（4）四级车站；（5）五级车站；（6）未评定		
车牌号		营运证号	
车型	（1）大型客车；（2）中型客车；3 小型客车；（4）公共汽电车；（5）货车；（6）危险品运输车；（7）出租车；（8）城市轨道交通车辆		
核定（t）数	实载人（t）数		危险化学品品名
驾驶人员姓名	从业资格类别		从业资格证号
人员伤亡情况			
死亡（人）	失踪（人）		受伤（人）
外籍人员	外籍人员		外籍人员
事故概况			

事故初步原因及责任分析：

单位负责人：　　　统计负责人：　　　填表人：　　　联系电话：　　　报出时间：201 年 月 日 时

第六章 危险货物道路运输企业安全生产会议、考核奖惩、事故报告制度

人未受到处理不放过;事故责任人和相关人员没有受到教育不放过;未采取防范措施不放过。

八、事故统计分析

事故统计分析是运用数量统计来研究事故发生规律的一种方法。通过对大量的事故资料、数据进行加工、整理和综合分析,揭示事故发生规律和分布特征,因而是安全生产管理工作的重要内容之一。科学、准确的统计分析结果能够作为一个企业、部门观察事故发生趋势、探查事故原因、制定事故预防措施、预测未来事故等的依据,对于搞好安全管理和安全生产起着十分重要的作用。

事故统计分析的基本程序是:事故资料的统计调查,加工整理,综合分析。三者是紧密相连的整体。事故资料的统计调查,是采用各种手段收集事故资料,将大量零星的事故原始资料系统全面地集中起来。事故调查项目,应按事故调查目的设置,如事故发生的时间、地点,受害人的姓名、性别、年龄、工龄、伤害部位、伤害性质、直接原因、间接原因、致害物、事故类型、事故经济损失等。项目的填写方式,可采用数字式、是否式或文字式等。事故资料的整理,是根据事故统计分析的目的进行恰当分组和进行事故资料的审核、汇总,并根据要求计算有关数值,统计分组。如按事故类型、伤害严重程度、经济损失大小、性别、年龄、工龄等进行分组。事故资料的综合分析是将汇总、整理的事故资料及有关数据填进统计表或标在统计图上,得出恰当的统计分析结论。

通常,事故统计的原始材料就是每一次事故的信息记录,在此基础上,整理归总一定数量的事故记录后分析其呈现出来的规律。企业在进行事故统计时,可参考《道路运输行业行车事故统计报表制度》的道路运输行业行车事故快报(表6-5),制定企业内部的事故统计信息记录表。单次事故的统计信息表应详细记载事故的大致经过、事故的伤亡情况、事故的主要责任人等信息。企业安全生产管理人员根据单次事故信息记录表,以月度、年度等为统计单位,整理分析事故的基本规律,如事故原因、事故发生部门等。

第七章

危险货物道路运输企业安全生产作业规程

　　危险货物道路运输从业人员具体包括驾驶人员、押运人员、装卸管理人员。这三类人员作为危险货物道路运输主体，其操作的规范性和安全性直接影响危险货物道路运输安全状况。为此，本章根据JT 617和JT 618的相关要求，特制定了驾驶人员安全操作规程、押运人员安全操作规程和装卸管理人员操作规程，并按照操作前、操作中和操作后三个环节制定了相应的安全操作基本要求。除此之外，危险货物道路运输企业还可根据企业岗位设置、制定相应的岗位操作规程，比如维修工操作规程、叉车工操作规程等。

第七章　危险货物道路运输企业安全生产作业规程

第一节　通　用　要　求

一、基本要求

(1) 罐式车辆或运输有毒、感染性、腐蚀性危险货物的专用车辆不应运输普通货物。其他专用车辆在运输企业进行危害消除后，可从事食品、生活用品、药品、医疗器具以外的普通货物运输。

(2) 从事危险货物道路运输的驾驶人员、押运人员、装卸管理人员，应经设区的市级交通运输主管部门考试合格，并取得相应从业资格证。

(3) 从事剧毒化学品、爆炸品道路运输的驾驶人员、押运人员、装卸管理人员，应经设区的市级交通运输主管部门考试合格，取得注明为"剧毒化学品运输"或"爆炸品运输"类别的从业资格证。

(4) 移动式压力容器运输过程中，除了配备驾驶人员、押运人员外，还应配备具有移动式压力容器操作资格(如压力容器操作证)的特种设备作业人员。

(5) 雷雨等恶劣天气运输或装卸危险货物时，避雷电、防潮湿设施应有效，否则应停止相关运输或装卸作业。

(6) 车辆的运行速度应遵循道路通行速度限制要求，且保持足够的安全行车间距。雨、雪、雾等恶劣天气行车时，应减速慢行，且打开警示灯，防止追尾。

(7) 运输过程中，驾驶人员、押运人员不应擅自离岗、脱岗。

(8) 驾驶人员连续驾驶 4h，应休息 20min 以上；24h 内实际驾驶时间累计不应超过 8h。

(9) 运输过程中，以及在车辆或集装箱附近和内部操作时，作业人员应禁止吸烟以及使用其他类似仪器(如电子香烟)等。

(10) 剧毒化学品、爆炸品运输车辆和罐式车辆(含罐式挂车)发生故障需维修时，应到具备危险货物道路运输车辆维修资质的企业维修。

(11) 危险货物装卸作业现场内禁止维修车辆。

(12) 不应动火修理装有易燃易爆危险货物和有易燃易爆残留物的车辆。确需动火修理时，应向当地公安部门报告，并根据所载货物性质，采取相应的安全防护措施，且在消防人员监控下作业。

(13) 危险货物运输常压罐体的清洗(置换)作业，应在具有污染物处理能力的机构进行，废水、污水等污染物应集中收集，不应随意排放。

(14) 车辆应停放在封闭且设立明显标志的危险货物停车场地内；停车场不应妨碍居民生活和威胁公共安全。剧毒化学品、爆炸品运输车辆应停放在专用停车区域，并设立明显警示标牌。

二、出车前作业要求

(1)出车前,驾驶人员和押运人员应根据职责分工,检查运输文件、车辆、安全防护设备等,确保符合要求。

①驾驶人员应检查车辆安全技术状况(包括制动系、转向系、喇叭等),车辆安全隐患排除后才可出车。

②易燃易爆危险货物运输车辆的发动机排气装置应采用防火型或在出气口加装符合 GB 13365 要求的排气火花熄灭器,且排气管出口应安装在车身前部。

③车辆的标志灯和标志牌应符合 GB 13392 的要求,爆炸品和剧毒化学品运输车辆的安全标示牌和标志牌还应符合 GB 20300 的要求。金属和非金属常压罐体的标志标识应符合 GB 18564.1 和 GB 18564.2 的要求。

④车辆车厢底板应平坦完好,栏板牢固,且应根据所载危险货物性质,采取相应的衬垫防护措施(如铺垫木板、胶合板、橡胶板等)。

⑤随车携带的危险货物道路运输相关证件(道路运输危险货物安全卡、道路运输证等)和运输文件(如运单或电子运单)应齐全有效。限运、凭证运输危险货物的相关运输手续应齐全有效。

⑥随车携带"道路运输危险货物安全卡",且与所载货物相符。

(2)根据所载危险货物性质,按照"道路运输危险货物安全卡"或"化学品安全技术说明书"的要求,配备有效的应急救援器材和劳动防护用品,并随车携带齐全有效的遮盖、捆扎、防潮、防火、防毒等工具;发现问题应立即更换或修理。

(3)装车完毕后,驾驶人员、押运人员应检查货物堆码、遮盖、捆扎等安全措施是否到位,以及有无影响车辆起动的不安全因素,确认安全后方可起步。

三、运输作业要求

(1)驾驶人员应根据道路交通状况控制车速,尽量避免紧急制动,禁止超速和强行超车、会车,转弯时车辆应减速。

(2)驾驶人员应严格遵守有关部门关于危险货物运输线路、时间、速度的规定;剧毒化学品、爆炸品运输车辆应遵循重大节假日高速公路通行相关规定。

(3)危险货物运输车辆不应进入未经批准的危险货物运输车辆限制通行区域。

(4)通过隧道、涵洞、立交桥时,应注意限高、限速标志。通过铁路道口时,应按照交通信号或管理人员的指挥通行。

(5)运输过程中,押运人员应每隔 2h 检查货物装载情况。若发生燃烧、爆炸、污染、中毒、被盗、丢失、流散、泄漏等情况,驾驶人员、押运人员应立即采取应急处置措施,并向事故发生地公安部门、交通运输主管部门和运输企业报告。报告内容应至少包括:

①报告人姓名、联系方式。

②发生的事故及部位。

③发生时间、具体地点(如×××公路×××km处)、行驶方向。

④车辆牌照、装载质量、车辆类型、罐车罐体容积,当前状况。

⑤UN编号、危险货物品名、数量,当前状况。

⑥人员伤亡及危害情况。

⑦已采取或拟采取的应急处置措施。

(6)运输过程中,因住宿或发生影响正常运输的情况需较长时间停车时,驾驶人员、押运人员应采取相应警示和安全措施;运输剧毒化学品或易制爆危险化学品的,除采取警示和安全措施外,还应向当地公安机关报告。

(7)运输过程中,遇天气、道路路面状况发生变化,应根据所载货物性质,及时采取相应安全防护措施。遇有雷雨时,不应在树下、电线杆、高压线、铁塔、高层建筑以及易遭受雷击和产生火花的地点停车。避雨时,应选择安全地点停放。遇有泥泞、冰冻、颠簸、狭窄及山崖等路段时,应低速缓慢行驶,防止车辆侧滑、打滑及危险货物剧烈震荡等。

(8)运输过程中,不应随意停车,且避免在人员聚集区、重点单位(如重要机关、学校、医院)门口、重要基础设施(如大型隧道、桥梁、涵洞、立交桥等)、易燃易爆物品仓库或具有明火的场所附近停靠。

(9)易燃易爆危险货物运输过程中,车辆应远离热源和火源。

(10)运输过程中,车上严禁搭乘无关人员。

四、装卸作业要求

(1)装卸应在装卸管理人员的现场指挥或监控下进行,禁止无关人员进入作业现场。

(2)装卸管理人员应由托运人和承运人按照合同约定指派,或由负责装卸作业的一方指派。

(3)装卸作业现场应远离热源,且通风良好。作业现场电器设备应符合国家有关规定要求,照明灯应具有防爆性能,禁止使用明火灯具照明。

(4)易燃易爆危险货物装卸作业现场应采取防明火、防静电和避雷措施,作业现场应划定警戒区,且安全范围内不应有明火。

(5)人员进入易燃易爆危险货物装卸作业现场时,应做到:

①禁止随身携带火种。

②关闭随身携带的手机等通信工具和电子设备。

③严禁吸烟。

④穿着防静电的工作服和不带铁钉的工作鞋。

(6)车辆应按照装卸作业有关安全规定驶入装卸作业现场,且停放在易驶离作业现场的位置,不应堵塞安全通道。车辆停靠货垛时,应听从作业现场管理人员指挥,车辆与货垛之间应留有安全距离。待装卸的车辆与装卸中的车辆应保持足够的安全距离。

(7) 装卸作业前,车辆发动机应熄火,切断车辆总电源(需从车辆上取得动力的除外),并采取防止车辆发生滑动的有效措施。

(8) 装卸易燃、易爆危险货物前,车辆导静电装置应接地良好。

(9) 装卸作业前,装卸管理人员应检查相关文件,核对危险货物名称、规格、数量是否与运单相符,并检查货物包装。货物的安全技术说明书、安全标签、标识、标志等如与运单不符,或包装破损、包装不符合有关规定时,应拒绝装卸。

(10) 装卸作业前,装卸管理人员应检查使用的装卸机械及工属具,确保其符合下列要求:

①危险货物装卸机械及工具的技术状况应符合 JT 617 的要求。

②装卸危险货物的托盘和手推车应尽量专用。新投入使用的装卸机械,装卸管理人员应全面检查调整,符合安全技术要求后才能使用。

③易燃易爆危险货物的装卸机械应设有防火星的封闭装置,燃油装卸机械应设置火星熄灭器。装卸爆炸品、有机过氧化物、剧毒化学品时,装卸机具的最大装载量应小于其额定负荷的 75%。

(11) 从业人员进入危险货物装卸作业现场,开启仓库和集装箱、封闭式车厢时,应注意通风。

(12) 车厢或罐体内不应有与所载货物性质相抵触的残留物。

(13) 装卸作业时,装卸人员应根据危险货物的包装类型、体积、质量、件数等情况,以及包装储运图示标志的要求,采取相应措施,轻装轻卸,谨慎操作,同时应做到:

①堆码整齐,紧凑牢靠,易于点数。

②装车堆码时,桶口、箱盖朝上,允许横倒的桶口及袋装货物的袋口应朝里;卸车堆码时,桶口、箱盖朝上,允许横倒的桶口及袋装货物的袋口应朝外。

③装卸平衡,堆码时应从车厢两侧向内错位骑缝堆码;高出栏板的最上一层包装件,堆码超出车厢前挡板的部分不应大于包装件本身高度的 1/2。

④装车后,货物应用绳索捆扎牢固;易滑动的包装件,应用防散失的网罩覆盖并用绳索捆扎牢固或用苫布覆盖严密;需用两块苫布覆盖货物时,中间接缝处应有大于 15cm 的重叠覆盖,且车厢前半部分苫布应压在后半部分的苫布上。

⑤包装件体积为 450L 以上的易滚动危险货物应紧固。

⑥不应倒置或侧置带有通气孔的包装件,以防止所载货物泄漏或混入杂质。

(14) 装载应符合车辆的核定载质量,不应超载超限。罐式车辆的罐体载货后的总质量,应与专用车辆核定载质量相匹配;牵引车的挂车载货后的总质量,应与牵引车的准牵引总质量相匹配。

(15) 危险货物的配装应符合 JT 617 "危险货物配装表" 的要求,在其他情况下标有不同危险标签的包装不应配装在同一辆车或集装箱中。

(16) 装卸过程中,需移动车辆时,应先关上车厢门或栏板。若车厢门或栏板在原地关不上时,应有人监护,在保证安全的前提下移动车辆。起步要慢,停车要稳。

(17)装卸完毕,作业现场应彻底清扫干净。装运过剧毒化学品和受到危险货物污染的车辆、工具,应按照 JT 617 的要求洗刷和除污。危险货物洒漏物和污染物应送到当地环保部门指定地点集中处理。

第二节 危险货物分类运输、装卸要求

一、剧毒化学品

1. 出车前

(1)应随车携带由托运人办理提交的"剧毒化学品公路运输通行证"。

(2)应使用罐式、厢式专用车辆或者压力容器等专用容器,车辆安全技术条件应符合 GB 20300 的要求。

(3)剧毒化学品的罐式专用车辆的罐体容积不应超过 $10m^3$,非罐式专用车辆的核定载质量不应超过 10t,但符合国家有关标准的罐式集装箱、集装箱运输专用车辆除外。

(4)根据剧毒化学品的性质,按照"道路运输危险货物安全卡"或"化学品安全技术说明书"的要求,配备必要的应急药品和消防器材,携带必备的安全防护用品(如带有气体/灰尘过滤的逃生头盔或面罩)。

(5)车辆两侧应配备有效且与所载剧毒化学品性质相适应的灭火器各一个。

2. 运输

(1)驾驶人员应按照公安部门或"剧毒化学品公路运输通行证"上指定的时间、速度、路线行驶,不应擅自改变行驶路线。

(2)运输过程中,若发生燃烧、爆炸、污染、中毒、被盗、丢失、流散、泄漏等情况时,驾驶人员、押运人员应采取相应警示和安全措施,并立即向当地公安机关报告。

(3)运输过程中,因住宿或者发生影响正常运输的情况需较长时间停车时,驾驶人员、押运人员应采取相应警示和安全措施,并向当地公安机关报告。

(4)应遵循剧毒化学品所属危险货物类别或项别的运输作业要求。

3. 装卸

(1)装卸管理人员应根据剧毒化学品性质,佩戴合适的劳动防护用品和器具。

(2)作业前,检查剧毒化学品的包装容器,确保符合规定且完好。

(3)作业现场应设置通信、报警装置,并保证在任何情况下处于正常适用状态。

(4)禁止装卸人员直接接触剧毒化学品。作业中,不应进食、吸烟、饮水。工作前后禁止饮酒。作业后,应及时换下防护服,洗手、洗脸。防护用品每次使用后应集中清洗,不应穿戴回家。

(5)装卸作业时,应平稳,轻拿轻放,禁止肩扛、背负、冲撞、摔碰货物,禁止架空堆放。

（6）应遵循剧毒化学品所属危险货物类别或项别的装卸作业要求。

二、爆炸品

1. 出车前

（1）应使用罐式车辆或货厢为整体封闭结构的厢式车辆或压力容器等专用容器，车辆安全技术条件符合 GB 20300 的要求。

（2）爆炸品运输罐式车辆的罐体容积不应超过 $20m^3$，但符合国家有关标准的罐式集装箱除外。爆炸品运输非罐式车辆，核定载质量不应超过 10t，但符合国家有关标准的集装箱运输专用车辆除外。

（3）厢式车辆的车厢、集装箱或罐式车辆罐体内不应有与所载爆炸品性质相抵触的残留物。

（4）雷雨天气，不具备有效的避雷电、防潮湿条件时，应停止爆炸品的运输、装卸作业。

2. 运输

（1）驾驶人员应按照公安机关指定的时间、路线、速度行驶，不应擅自改变行车路线。

（2）使用厢式车辆运输时，应将车厢门锁好后方可运行车辆，不应敞开车门行驶。

（3）夏季高温季节，应按照作业地规定的时间运输，做好车厢、集装箱或罐体内的货物温度监控。

（4）发生火灾时，应尽量将爆炸品转移到危害最小的区域或进行有效隔离。不能转移、隔离时，应组织人员疏散。

（5）扑救爆炸品火灾时，禁止使用砂土覆盖燃烧的爆炸品。对有毒性或能释放出有毒气体的爆炸品，灭火人员应根据其性质穿戴防毒用具。

（6）爆炸品的洒漏物，应及时用水湿润，再撒以锯末或棉絮等松软物品收集后并保持适当湿度，报请公安部门或消防人员处理，禁止将收集的洒漏物重新装入原包装。

3. 装卸

（1）装卸作业时，严禁接触明火和高温；严禁使用易产生火花的机具、设备。

（2）车厢装货总高度不应超过 1.5m。无外包装的金属桶只能单层摆放，避免因压力过大或撞击摩擦引起爆炸。

（3）火箭弹和旋上引信的炮弹应横装，且与车辆行进方向垂直。凡从 1.5m 以上高度跌落或经过强烈振动的炮弹、引信、火工品等应单独存放，未经鉴定不应装车运输。

（4）起爆药和炸药禁止在同一装卸作业现场内装卸，禁止混装在同车厢内运输。

（5）爆炸品配装应符合 GB 6944 中"爆炸品配装组"的组合要求，普通货物不应与爆炸品混装运输。

（6）装卸作业时，应轻装轻卸，禁止摔、滚、翻、抛及拖、拉、摩擦、撞击货物。

三、气体

1. 出车前

(1) 水容积小于 150L 的气瓶装气体应尽量直立运输,气瓶直立运输应符合《气瓶直立道路运输技术要求》(GB/T 30685)的相关要求。

(2) 气瓶装气体采用集束装置、集装篮运输时,可采用厢式车辆、栏板式车辆、平板车辆或专用车辆等;使用平板车辆运输时,应在车辆底板上设置带锁止的固定装置。

(3) 散装气瓶应采用厢式车辆、栏板式车辆或专用车辆运输。

(4) 根据气瓶体积及所盛装气体的性质,车辆应具备固定气瓶的相应装置,如插桩、垫木、紧绳器等。

(5) 厢式车辆厢体应通风良好,车厢内不应有与所载货物性质相抵触的残留物。

(6) 夏季运输时,应检查并保证瓶体遮阳、冷水喷淋降温设施等安全有效。

2. 运输

(1) 低温液化气体的瓶体及设备受损、真空度遭破坏时,驾驶人员、押运人员或应急救援人员应站在上风处操作,打开放空阀泄压,防止灼伤。紧急情况时,驾驶人员应将车辆转移到距火源较远的地方。

(2) 遇燃烧、爆炸等情况时,应立即报告公安消防机关并组织扑救;对已着火的气瓶应大量浇水使其冷却,同时应尽量将未着火的气瓶迅速移至安全地带。

(3) 火场中救出的气瓶,应及时通知托运人另做处理,不应擅自继续运输。

(4) 发现气瓶泄漏时,应确认拧紧阀门,并根据气体性质做好相应的人身防护:

① 施救人员应戴上防毒面具,站在上风处施救;

② 易燃、助燃气体气瓶泄漏时,禁止靠近火种;

③ 有毒气体气瓶泄漏时,应迅速将车辆转移到空旷安全处。

(5) 除另有限运规定外,运输过程中,瓶内气体温度高于 40℃时,应对瓶体实施遮阳、冷水喷淋降温等措施。

3. 装卸

(1) 装卸人员应根据气体性质及其容器的结构形式穿戴合适的防护用品。装卸有毒气体时,应穿戴适用的防毒面具并做好防毒措施。

(2) 散装气瓶应尽量使用专用移动工具搬运;人工徒手搬运时,每次只能运送一瓶。

(3) 举升装置应有防止散装气瓶倾倒的设施,装卸举升过程应平稳、安全、可靠。

(4) 采用叉车、起重装置等对集束装置、集装篮进行装卸时,应避免碰撞,且最大起举质量不应超过额定负荷的 75%。用起重机装卸大型气瓶或气瓶集束装置时,装卸人员应戴好安全帽。

(5) 装卸氧化性气体(如氧气)气瓶时,作业人员的工作服、手套以及装卸工具均不应沾有油脂;装卸机械工具应设有防火星的防护装置;不应使用电磁起重机搬运。

(6)库内搬运氧化性气体气瓶时,应采用带有橡胶车轮的专用推车,且固定气瓶的槽、架不应产生静电。

(7)装卸作业时,应旋紧气瓶瓶帽,保护气瓶阀门,且阀门不应对准人身。

(8)车下人员应等待车上人员将气瓶放置妥当后,才能继续往车上装瓶。在同一车厢内不应有两人以上同时单独往车上装瓶。

(9)搬运气瓶时,应直立转动,不应脱手滚瓶或传接;直立放置时应稳妥牢靠。卸车时,要在气瓶落地点铺上合适的衬垫(如橡胶垫),逐个卸车,禁止溜放。

(10)采用直立运输时,气瓶高出栏板部分不应大于气瓶高度的1/4。

(11)不允许纵向水平装载气瓶。水平放置的气瓶均应横向平放,瓶口朝向应统一;水平放置最上层气瓶不应超过车厢栏板高度。

(12)散装气瓶或集束装置、集装篮应以车辆质心位置为中心均匀装载,且装载后车厢载荷分布应左右对称。载荷分布应符合 GB/T 30685 的要求。

(13)厢式货车运输散装气瓶,摆放于车厢两侧时,每组排数不大于4,每组气瓶数不大于18,且车厢中间应留足够的搬运通道;采用全车厢散装运输时,依据不同固定方式可采用蜂窝式紧密排列。

(14)集束装置、集装篮在车厢内布置时,应采用一层的摆放方式。

(15)装运大型气瓶(盛装净重0.5t以上的)或气瓶集束装置时,气瓶与气瓶、集束装置之间应填牢填充物,在车厢栏板与气瓶空隙处应有固定支撑物,并用紧绳器紧固,防止气瓶窜动、滚动,重瓶禁止多层装载。

(16)漏气气瓶、严重破损气瓶(报废瓶)、异型瓶不应装车。收回漏气气瓶时,漏气气瓶应装在车厢的后部,不应靠近驾驶室。

四、易燃液体

1. 出车前

(1)应根据所载货物性质和包装情况(如化学试剂、油漆等小包装),随车携带适用的遮盖、捆扎等防散失工具,配备合适且有效的消防器材。

(2)车厢内不应有与易燃液体性质相抵触的残留物。

2. 运输

(1)车上人员禁止吸烟,车辆不应接近明火、高温场所。

(2)运输过程中,车辆的导除静电橡胶拖地带应保持接地良好。

(3)夏季高温季节,应按照作业地规定的时间运输。若在其他时间必须运输时,车上应配备有效的遮阳设施,封闭式车厢应保持车厢通风良好。

(4)驾驶人员、押运人员禁止随身携带火种(如火柴、打火机等),应穿着防静电的工作服和不带铁钉的工作鞋。

3. 装卸

(1)装卸作业前、作业中,应加强封闭式车厢的排气通风。

(2)装卸作业时,不准撞击、摩擦、拖拉货物。装车堆码时,桶口、箱盖一律向上,不应倒置;箱装货物,堆码整齐;装载完毕,应根据货物类型,罩好网罩,捆扎牢固。

(3)钢桶装易燃液体,不应从高处翻滚溜放卸车。装卸时,应采取措施防止产生火花,周围需有人员接应,防止钢桶撞击致损。

(4)钢制包装件多层堆码时,层间应采取合适衬垫,并应捆扎牢固。

(5)对低沸点或易聚合的易燃气体,若发现其包装容器内装物有膨胀(鼓桶)现象,不应装车。

五、易燃固体、易于自燃的物质、遇水放出易燃气体的物质

1. 出车前

(1)车辆车厢、随车工属具不应沾有水、酸类和氧化性物质等。遇水放出易燃气体物质的车厢应干燥、无积水。

(2)遇水放出易燃气体物质的运输车辆,应采取有效的防水、防潮措施。

(3)运输需要温控的自反应物质,应根据物质的控制温度、控制温度和预计环境温度之差、保温效果、运输持续时间等因素选择合适的控温措施,并确保控温措施在运输过程中切实有效。

2. 运输

(1)雨雪天运输遇水放出易燃气体的物质,应确保车辆的防雨雪、防潮湿等措施有效,否则不应运输。

(2)运输过程中,应定时停车检查所载货物的堆码、捆扎和包装情况,防止包装渗漏等隐患。

(3)发生洒漏时,应将洒漏物另行收集,不应将洒漏物装入原包装内,不应将收集的残留物任意排放、抛弃。禁止使用水处理与水反应的物质的洒漏物,但清扫后的现场可用水冲洗。

(4)发生火灾时,应根据易燃固体的性质,采取水、砂土、泡沫、二氧化碳、干粉等灭火器或灭火材料来灭火。

①粉状物品(如闪光粉、铝粉等),不应用水灭火,可用干燥砂土、干粉等灭火器扑救。

②遇水反应的易燃固体不应用水扑救,可用干燥砂土、干粉等灭火器扑救。

③有爆炸危险的易燃固体禁止用砂土压盖。

④遇水或酸产生剧毒气体的易燃固体,禁止使用酸碱泡沫灭火剂,扑救时应戴好防毒口罩或防毒面具。

(5)扑救易于自燃物质的火灾,应根据其性质和自燃点,采取相应措施。

①易于自燃物质发生火灾时,可用干粉、砂土(干燥时有爆炸危险的易于自燃的物质除外)和二氧化碳等灭火器扑救。与水反应的物质禁止使用水灭火,可用砂土、干粉等灭火器或灭火材料。

②扑救黄磷火灾时,应穿戴防护服和防毒面具。

(6)扑救遇水放出易燃气体物质的火灾,应根据其性质,采取相应措施。

①应迅速将邻近未燃物质从火场撤离或与燃烧物进行有效隔离。

②灭火时,禁止使用水,应根据危险货物性质,使用干砂或干粉等灭火材料扑救。

③遇水反应产生易燃或有毒气体的物质,不应使用泡沫灭火剂,扑救时穿戴正确的防护用品。与酸或氧化剂、氢化物等反应的物质,禁止使用酸碱、泡沫灭火。

④活泼金属火灾禁止使用二氧化碳灭火器。

3. 装卸

(1)作业现场以及装卸工具应清洁干燥,不应沾有酸类和氧化性物质。装卸工具应具有防火花功能。

(2)装卸易于自燃的物质时,应避免与空气、氧化性物质、酸类等接触;对需用水(如黄磷)、煤油、石蜡(如金属钠、钾)、惰性气体(如三乙基铝等)或其他稳定剂进行防护的包装件,应防止容器受撞击、振动、摔碰、倒置等造成容器破损;应避免易于自燃的物质与空气接触发生自燃。若发现包装破损、货物洒漏等,不应装车。

(3)遇水放出易燃气体的物质,不应在潮湿环境下装卸,不应在不具备防雨雪、防潮湿的条件下进行装卸。

(4)装卸易升华、挥发出易燃、有害或刺激性气体的货物时,作业现场应通风良好,防止中毒;作业时,应防止摩擦、撞击,以免引起燃烧、爆炸。

(5)装卸钢桶装碳化钙(电石)时,应确认包装内有无填充保护气体(氮气)。未填充的,应在装卸前侧身轻开桶上的通气孔放气。电石桶不应倒置。

(6)装卸对撞击敏感,遇高热、酸易分解、爆炸的自反应物质和有关物质时(如硝基化合物),应控制温度,且不应与酸性腐蚀性物质及有毒或易燃脂类危险货物配装。

六、氧化性物质和有机过氧化物

1. 出车前

(1)需控温运输的有机过氧化物应选用控温型厢式货车运输,车厢应隔热、防雨、通风,保持干燥。温度控制条件见《有机过氧化物分类及品名表》(GB 28644.3)的5.10。

(2)车厢、随车工具应保持干净、干燥,不应沾有酸类、煤炭、砂糖、面粉、淀粉、金属粉、油脂、磷、硫、洗涤剂、润滑剂或其他松软、粉状等可燃物质。

(3)运输性质不稳定或因聚合、分解在运输中能引起剧烈反应的危险货物时,应由托运人按照规定添加稳定剂或抑制剂。常温下加速分解的货物,应控制温度。

(4)控制方式的选择和温度控制方法参见 GB 28644.3。

(5)运输需要控温的危险货物应做到:

①运输车辆、容器及制冷设备能正常工作。

②配备备用的制冷系统或备用部件。

③驾驶人员和押运人员具备熟练操作制冷系统的能力。
④在失控情况下遵守操作程序。
⑤做好作业温度的常规监测,且每隔4~6h监测温度并记录。

2. 运输

(1)有机过氧化物的混合物按所含最高危险有机过氧化物的规定条件运输,并确认自行加速分解温度(SADT),必要时,应采取有效控温措施。

(2)运输需控制温度的有机过氧化物时,应定时检查运输组件内的环境温度并做好记录,及时关注温度变化,必要时采取有效的控温措施。

(3)运输过程中,环境温度超过控制温度时,应采取相应补救措施;环境温度超过应急温度时,应启动有关应急程序。其中,控制温度应低于应急温度,应急温度应低于自行加速分解温度(SADT),三者之间的关系参见 GB 28644.3 的表2。

(4)禁止直接接触以及使用发火金属或可燃物质清理有机过氧化物的泄漏物。小型泄漏时,可用砂土、干燥石灰或苏打灰混合,清除后放入塑料袋中。

(5)有机过氧化物、金属过氧化物、有机过氧酸及其衍生物的火灾,不能用水、泡沫扑救,应选用砂土、干粉、二氧化碳等灭火材料扑救。可用水扑救的粉状物品应选用雾状水。扑救时,应配备适当的防毒面具。

3. 装卸

(1)装卸对光敏感的物品时,应具备有效的遮阳、避光设施。

(2)对加入稳定剂或需控温运输的氧化性物质和有机过氧化物,作业前,应认真检查货物包装有无渗漏及膨胀(鼓桶)等情况,发现异常应拒绝装运。

(3)装卸时,禁止摩擦、振动、摔碰、拖拉、翻滚、冲击,防止包装及容器损坏。

(4)装卸时,若发现包装破损,不应自行将破损件改换包装,且不应将洒漏物装入原包装内,而应另行处理。

(5)不应踩踏、碾压氧化性物质和有机过氧化物的洒漏物,禁止使用金属和可燃物(如纸、木等)处理洒漏物。

(6)外包装为金属容器的货物,应单层摆放。需要堆码时,包装物之间应有性质与所载货物相容的不燃材料衬垫并加固。

(7)有机过氧化物装卸时,严禁混有杂质,特别是酸类、重金属氧化物、胺类等物质。

七、毒性物质

1. 出车前

(1)除有特殊包装要求的剧毒化学品应采用化工物品专业罐车运输外,毒性物质应采用厢式货车运输。

(2)应根据所载货物的毒性、状态及其包装类型,随车携带合适的劳动防护用品(如工作服、手套、防毒口罩或面具)、防散失、防雨淋、捆扎等工具,以及相应的消防器材;发现问题应立即更换或修理。

2.运输

(1)运输过程中,押运人员应严密监视,防止货物丢失、洒漏。行车时,避开高温、明火场所。

(2)发生中毒事故时,应根据毒性物质的性质、形状,依据"道路运输危险货物安全卡"或"化学品安全技术说明书"的要求,积极采取相应的急救措施。

3.装卸

(1)装卸作业前,开启仓库、封闭式车厢,应注意通风,应在作业现场的各种毒性物质浓度低于最高容许浓度时方可作业。

(2)装卸作业前,装卸人员应根据货物性质,穿戴合适的防护服、手套、防毒口罩(面具)和护目镜等。禁止赤脚、穿背心短裤。皮肤破损者禁止装卸毒性物质。

(3)装卸作业前,装卸人员应检查货物包装,尤其是剧毒化学品和粉状毒性物质的包装。发现包装破损、渗漏等现象,应拒绝装运。外包装表面应无残留物。

(4)装卸作业时,装卸人员应尽量站在上风处操作,不应在低洼处久留。

(5)避免易碎包装件、纸质包装件的包装损坏,防止毒性物质洒漏。

(6)装卸作业时,应轻拿轻放,禁止肩扛、背负、冲撞、摔碰、翻滚。

(7)货物不应倒置;堆码要靠紧堆齐,桶口、箱口向上,袋口朝里。

(8)对刺激性较强和散发异臭的毒性物质,装卸人员应采取轮班作业。

(9)装卸作业时,不应进食、吸烟、饮水。皮肤受到沾污时,应立即用清水冲洗干净。工作前后应禁止饮酒。作业后,应及时换下防护服,洗手洗脸。防护用品每次使用后应集中清洗,不应穿戴回家。

(10)夏季高温期,应尽量在早晚气温较低时作业;晚间作业应采用防爆式或封闭式安全照明。积雪、冰封时作业,应有防滑措施。

(11)忌水的毒性物质(如磷化铝、磷化锌等),应防止受潮。装运毒性物质后的车辆及工具应严格清洗消毒,未经安全管理人员检验批准,不应装运食用、药用的危险货物。

八、感染性物质

1.出车前

(1)应穿戴专用安全防护服和用具。必要时,应对有关人员进行免疫接种。

(2)道路运输医疗废物车辆应有明显的医疗废物标识,应达到防渗漏、防遗洒以及其他环境保护和卫生要求。

(3)运送医疗废物的车辆不应运送其他物品。

(4)驾驶人员、押运人员应认真检查盛装感染性物质的每个包装件外表的警示标识,核对医疗废物标签。标签内容应包括医疗废物产生单位、产生日期、类别及需要的特别说明等。标签、封口不符合要求时,应拒绝运输。

2.运输

(1)运输感染性物质,应经有关的卫生检疫机构特许。

(2)运输医疗废物,应符合 JT 617 的 9.7 的要求。

(3)运输医疗废物,应按照有关部门规定的时间和路线,从产生地点运送至指定地点。

(4)车厢内温度应控制在所运医疗废物要求的温度范围之内。

3.装卸

(1)装卸时,作业人员应根据医疗废物的分类,穿戴合适的防护服装、手套、防毒口罩(面具)和护目镜等。

(2)装卸管理人员受到医疗废物刺伤、擦伤等伤害时,应采取相应的处理措施,并及时报告相关部门。

九、腐蚀性物质

1.出车前

(1)应根据腐蚀性物质的性质和状态,配备相应的防护用品和应急处理器材。

(2)运输强腐蚀性危险货物的罐式专用车辆的罐体容积不应超过 $20m^3$,非罐式专用车辆的核定载质量不应超过 10t,但符合国家有关标准的罐式集装箱、集装箱运输专用车辆除外。

(3)应检查货物包装和容器封口情况,检查卸料阀门是否关闭。禁止运输无外包装的易碎品容器装腐蚀性物质。

2.运输

(1)运输有易碎容器包装的腐蚀性物质时,驾驶人员要平稳驾驶,密切注意路面情况,上下桥、穿隧道、过铁路道口等,对路面条件差、颠簸振动大而不能确保易碎容器完好时,应缓慢通行。

(2)运输过程中,应按照规定停车检查货物装载情况,发现包装破漏应及时处理,防止漏出物损坏其他包装。

(3)运输过程中,发现货物洒漏时,应采用干砂、干土覆盖吸收;货物大量洒漏时,应立即向当地公安、环保等部门报告,并尽量采取警示和消除危害措施。

(4)运输过程中,腐蚀性物质着火时,不应用水柱直接喷射,应使用雾状水覆盖着火区域;对遇水发生剧烈反应,能燃烧、爆炸或放出有毒气体的货物,不应用水扑救;强酸着火时,应尽量抢出货物,防止高温爆炸、酸液飞溅;无法抢出时,应用大量水降低容器或包装的温度。

(5)扑救易散发腐蚀性蒸气或有毒气体的货物时,应穿戴防毒面具和相应的防护用品。扑救人员应站在上风处施救。若被腐蚀性物质灼伤,应立即用流动自来水或清水冲洗创面 15~30min,并及时送医救治。

3.装卸

(1)装卸作业前,应穿戴防腐蚀的防护用品和带有面罩的安全帽。对易散发有毒蒸气或烟雾的货物,应配备相应的防毒面具。

(2)装卸作业前,应检查货物包装、封口是否完好,防止渗漏以及内包装破损。

(3)装卸作业时,装卸人员应站立在上风处操作。灌装和卸货后,应将进料口盖严、盖紧。卸料时,应确认导管与阀门的连接牢固后,逐渐缓慢开启阀门。

(4)装卸作业时,应轻装、轻卸,禁止振动、摩擦,防止包装容器受损。液体腐蚀性物质不应肩扛、背负;易碎容器包装的货物,不应拖拉、翻滚、撞击;外包装无封盖的组合包装件不应堆码装运。

(5)具有氧化性的腐蚀性物质不应接触可燃物和还原剂。

(6)有机腐蚀性物质禁止接触明火、高温或氧化性物质。

十、压力容器罐车运输、装卸作业要求

1. 出车前

(1)应根据所载货物性质选择合适的罐体。与罐壳材料、垫圈、装卸设备及任何防护衬料接触可能发生反应而形成危险产物或明显减损材料强度的货物,不应充灌。

(2)移动式压力容器的技术要求应符合 TSG R0005 的相关规定。

(3)应根据所充装介质的危害性质,随车配备必要的应急处理器材和个人防护用品,为操作人员或押运人员配备日常作业必需的安全防护装备、专用工具和必要的备品、备件等。

(4)随车携带以下文件和资料:

①《特种设备使用登记证》及电子记录卡。

②《特种设备作业人员证》和有关管理部门的从业资格证。

③液面计指示值与液体容积对照表(或者温度与压力对照表)。

④移动式压力容器装卸记录。

⑤事故应急专项预案。

2. 运输

(1)运输过程中,应采取防护措施,防止罐体受到横向、纵向碰撞及翻倒时导致罐壳及其装卸设备损坏。

(2)化学性质不稳定的物质,采取必要措施(如添加稳定剂)后方可运输,防止运输途中发生危险性分解、化学变化或聚合反应。

(3)运输过程中,罐壳(不包括开口及其封闭装置)或隔热层外表面的温度不应超过70℃。

(4)运输过程中,任何操作阀门均应处于闭止状态。

(5)充装冷冻液化气体介质的移动式压力容器,途中停放时间不应超过其标态维持时间。

(6)移动式压力容器发生下列异常现象之一时,操作人员或押运人员应当立即采取紧急措施,并按照规定的程序,及时向使用单位的有关部门报告:

第七章　危险货物道路运输企业安全生产作业规程

①罐体或气瓶工作压力、工作温度超过规定值,采取措施后仍然不能得到有效控制。

②罐体或气瓶发生裂缝、鼓包、变形、泄漏等危及安全时。

③安全附件失灵、损坏等不能起到安全保护时。

④管路、紧固件损坏,难以保证安全运行时。

⑤发生火灾等直接威胁到移动式压力容器安全运行时。

⑥充装量超过核准的最大允许充装量。

⑦充装介质与铭牌和使用登记资料不符。

⑧真空绝缘罐体外表面局部存在严重结冰、结霜或者结露,介质压力和温度明显上升。

⑨移动式压力容器的走行装置及其与罐体或者气瓶连接部位的零部件等发生损坏、变形等危及安全运行。

⑩其他异常情况。

3. 装卸

(1)从事移动式压力容器充装的单位,应按照 TSG R4002 的要求,取得相应的移动式压力容器充装许可证。

(2)移动式压力容器充装人员和卸载操作人员应取得移动式压力容器操作人员证书。

(3)装卸作业前,操作人员应对移动式压力容器逐台进行检查,未经检查合格的移动式压力容器不应进入装卸区域进行装卸作业。检查内容包括:

①随车携带的文件和资料应齐全有效,且装卸的介质应与铭牌和使用登记资料、标志一致。

②首次充装投入使用且有置换要求的,应有置换合格报告或证明文件。

③购买、充装剧毒介质的,应有剧毒介质(剧毒化学品)的购买凭证、准购证及运输通行证。

④随车作业人员应持证上岗,资格证书有效。

⑤移动式压力容器铭牌与各种标志(包括颜色、环形色带、警示性、介质等)应符合相关规定,充装的介质与罐体或气瓶涂装标志一致。

⑥移动式压力容器应在定期检验有效期内,安全附件应齐全,工作状态正常,且在检验有效期内。

⑦压力、温度、充装量(或者剩余量)应符合要求。

⑧各密封面的密封状态应完好无泄漏。

⑨随车防护用具,检查和维护、修理等专用工具和备品、备件应配备齐全、完好。

⑩易燃、易爆介质作业现场应采取防止明火和防静电措施。

⑪罐体或气瓶与走行装置或者框架的连接应当完好、可靠。

(4)当出现下列情况时,移动式压力容器不应进行装卸作业:

①遇到雷雨、风沙等恶劣天气情况的。

②附近有明火、充装单位内设备和管道出现异常工况等危险情况的。

③移动式压力容器或其安全附件、装卸附件等有异常的。

④移动式压力容器充装证明资料不齐全、检验检查不合格、内部残留介质不详以及存在其他危险情况的。

⑤其他可疑情况的。

(5)装卸后,操作人员应对移动式压力容器进行检查,以满足下列要求并且进行记录,押运人员也应及时检查下列事项,发现问题及时与装卸操作人员联系:

①移动式压力容器上与装卸作业相关的操作阀门应处于闭止状态,装卸连接口安装的盲法兰等装置应符合要求。

②压力、温度、充装量或者剩余量应符合要求。

③移动式压力容器所有密封面、阀门、接管等应无泄漏。

④所有安全附件、装卸附件应完好。

⑤充装冷冻液化气体的移动式压力容器,其罐体外壁不应存在结露、结霜现象。

⑥移动式压力容器与装卸台的所有连接件应分离。

(6)充装完成后,充装人员复核充装介质和充装量(或者充装压力),如有超载、错装,充装单位应立即处理,否则严禁车辆驶离充装单位。

(7)装卸作业结束后,充装单位、卸载单位应填写充装记录、卸载记录,并将与充装卸载有关的信息及时写入移动式压力容器的电子记录卡中,交由押运人员随车携带。

十一、常压罐体车辆运输、装卸作业要求

1. 出车前

(1)使用罐式车辆运输易燃液体时,车辆应安装有阻火器和呼吸阀,并配备有效的导除静电装置;车辆排气管应安装熄灭火星装置;罐体内应设置防波挡板,以减少液体振荡产生静电。

(2)应根据所载货物性质选用合适材料和容积的常压罐体,罐体材料不应与承运介质性能相抵触。其中,金属常压罐体的技术条件应符合 GB 18564.1 的相关要求;非金属常压罐体技术条件应符合 GB 18564.2 的相关要求。

(3)应检查罐体的安全附件(如安全泄放装置、紧急切断装置、液位测量装置、压力测量装置、温度测量装置等),确保其能正常工作。

2. 运输

(1)运输过程中,车辆紧急切断阀应处于闭止状态。

(2)运输过程中,车上人员严禁吸烟,且车辆不应接近明火、高温场所。夏季高温期间,应采取有效的遮阳或罐外冷水降温措施。

(3)运输过程中,导除静电橡胶拖地带应保持接地良好。

(4)运输过程中,驾驶人员、押运人员不应随身携带火种(如火柴、打火机等),应穿着防

静电的工作服和不带铁钉的工作鞋。

3. 装卸

(1)装卸作业前,装卸人员应确认所装卸货物与运单、储罐内所标货物名称相符。装卸货物与运单或储罐标示不符时,应拒绝装卸。

(2)装卸作业前,装卸人员应对罐体进行检查,确保罐体符合下列要求:

①罐体无渗漏现象。

②罐体内应无与待装货物性质相抵触的残留物。

③阀门应能关紧,且无渗漏现象。

④罐体与车身应紧固,罐体盖应严密。

⑤装卸料导管状况应良好无渗漏。

⑥装运易燃易爆的货物,导除静电装置应良好。

⑦罐体改装其他液体时,应经过清洗和安全处理,检验合格后方可使用。清洗罐体的污水经处理后,按指定地点排放。

(3)使用罐式车辆运输易燃液体时,装卸作业应遵循如下要求:

①装卸作业应采用泵送或自流灌装,装卸料管应专管专用。

②作业环境温度应适应所装卸货物的储存和运输安全的理化性质要求。

③作业中,应密切注视货物动态,防止货物泄漏、溢出。

④装卸始末,管道内流速不应超过1m/s,正常作业流速不宜超过3m/s。其他液体货物可采用经济流速。

⑤作业结束后,应将装卸管道内剩余的液体清扫干净;可采用泵吸或氮气清扫易燃液体装卸管道。

(4)罐体载货后总质量与专用车辆核定载质量相匹配,罐体允许最大充装量应不大于罐车的额定载质量。金属常压罐体允许的最大充装量及常运介质参数按照GB 18564.1确定。非金属常压罐体允许的最大充装量级常运介质参数按照GB 18564.2确定。

十二、散装危险货物运输、装卸要求

1. 出车前

(1)散货运输的车辆应保证在正常运输条件(如振动,或温度、湿度或压力的改变)下内装货物不泄漏。

(2)驾驶人员、押运人员应认真检查车辆及厢体,确认其结构使用性能良好,各端壁无突起或破损,内部衬垫和货物紧固设备安全有效。

(3)采用散装方式运输的易于自燃物质,其自燃温度应大于55℃。

(4)采用散装方式运输遇水放出易燃气体的物质时,车辆及厢体应能防水。

(5)运输散装氧化性物质的货箱应经过特殊设计,以防货物和木头或其他不兼容材料接触。

(6)根据承运危险货物的危险性质铺垫合适的衬垫材料,防止货物洒漏。

(7)易受温度影响而液化的物质不应散装运输。

2. 运输

(1)车辆配置通风装置时,通风装置应保持洁净和正常运行。

(2)运输途中,不应有危险货物或物品残留在车体外表面。

(3)运输易于发生粉尘爆炸,或衍变为可燃气体的物质时,车辆应采取适当措施防止运输途中产生静电起火。

3. 装卸

(1)货物应装载平衡,防止货物移动导致车辆毁损或危险货物洒漏。

(2)装卸和交付运输前,应检查清理车辆,以确保车辆内外均无以下残留物:

①可能与即将运输的物质发生危险化学反应的。

②对车辆的结构完整性产生不利影响的。

③影响车辆对危险货物的保留能力的。

(3)拟装危险货物不应与车辆、衬垫以及诸如盖子、防油水布和保护层等与其接触的材料发生危险反应或严重削弱这些材料的性能。

(4)易洒漏、飞扬的散装粉状危险货物,装车后,应用苫布遮盖严密,捆扎牢固。

(5)高温季节,散装煤焦沥青应在早晚时段进行装卸。

(6)装卸硝酸铵时,环境温度不应超过40℃,否则应停止作业。装卸现场应保持足够的水源以降温和应急。

(7)装卸会散发有害气体、粉尘或致病微生物的散装固体时,应注意人身保护,并采取必要的预防措施。

十三、集装箱危险货物装箱技术要求

1. 出车前

(1)散货运输的集装箱箱体应保证在正常运输条件(如振动,或者温度、湿度或压力的改变)下,内装货物不应泄漏。

(2)应确认集装箱技术状态良好并清扫干净,去除无关标志和标牌。

(3)应检查集装箱内有无与待装危险货物性质相抵触的残留物。发现问题,应及时通知托运人进行处理。

(4)熏蒸过的集装箱,应标贴有熏蒸警告符号。熏蒸警告符号如图7-1所示,形状呈长方形,且宽度不小于400mm,高度不小于300mm。该符号内容应为白底黑字,字体高度不小于25mm。当固体二氧化碳(干冰)用作冷却目的时,集装箱外部门端明显处应贴有指示标记或标志,并标明"内有危险的二氧化碳(干冰),进入之前务必彻底通风!"字样。

第七章 危险货物道路运输企业安全生产作业规程

图 7-1 熏蒸警告标志

2. 运输

(1) 运输过程中,集装箱及车身表面应无残留物。

(2) 运输过程中,以及在集装箱的附近和内部操作时,禁止吸烟或使用其他类似仪器(如电子香烟)等。

(3) 若集装箱被用于运输易于发生粉尘爆炸,或衍变为可燃气体的物质时,应采取措施排除危险源,防止运输途中产生静电起火。

3. 装卸

(1) 集装箱装卸作业前,装卸管理人员、押运人员应查验危险货物装箱清单。

(2) 装箱作业前,应检查待装包装件。破损、撒漏、水湿及沾污其他污染物的包装件不应装箱,撒漏的破损件及清扫的撒漏物应交由托运人处理。

(3) 禁止将性质相抵触、灭火方法不同或易污染的危险货物装在同一集装箱内。如符合配装规定而与其他货物配装时,危险货物应装在箱门附近。包装件在集装箱内应有足够的支撑和固定。

(4) 装箱作业时,应根据装载要求装箱,防止集重和偏重。

(5) 装箱完毕,应关闭、封锁箱门,并按要求悬挂与箱内危险货物性质相一致的危险货物标志、标牌。

(6) 装卸集装箱内有易产生毒害气体或易燃气体的货物时,应先打开箱门,充分通风后方可装卸作业。

(7) 对卸空危险货物的集装箱应进行安全处理,若下次装运的危险货物不同,则在再次装载前,应使用适当方式清洗集装箱;有污染的集装箱,应在指定地点、按规定要求进行清扫或清洗。

(8) 装过毒性物质、感染性物质的集装箱,在清扫或清洗前,应开箱通风。进行清扫或清洗的工作人员应穿戴适用的防护用品。洗箱污水在未作处理之前,禁止排放。

附 录

附录一　××××公司安全生产监督检查制度

为深入贯彻和执行安全第一、预防为主、综合治理的安全生产方针,落实安全生产责任制,有效控制安全隐患,实现安全生产的长效机制,特制定本制度。

一、安全检查形式分类

综合性检查(包括节前大检查)、专业性检查、季节性检查、日常检查。

二、安全检查分级

公司级、部门级、班组级。

三、检查范围

公司级安全检查范围:公司所属各二级部门。

二级部门、班组级安全检查范围:由各二级部门按照实际范围确定。

四、检查组织机构

(1)公司级综合大检查由分管安全副总经理负责,分管安全副总经理不能参加时可以委托相关部门负责人负责,各相关专业人员组成检查小组。

(2)专业性检查由各相关专业负责人负责,其中综合管理部负责综合行政、经营状况,以及7S推进、挖潜增效、节能降耗、人力资源、考核落实、党团工会等工作的落实;技术安全部负责安全、环保工作的落实,以及现场管理、职业卫生、劳动保护、安全设施、生产设备、经营安全等工作。

(3)季节性或者重大专项工作及节假日检查由安全生产领导小组适时组织。

(4)综合检查的日常管理工作由技术安全部负责,其他检查由各专业部门自行管理,负责安全检查表、隐患整改通知书、隐患整改台账的建立。

(5)各二级部门和班组级的综合检查工作由各二级部门分管领导组织实施。

五、检查工具

检查人员制定《安全检查表》等相关检查工具。《安全检查表》格式要求包括:序号、检查时间、检查项目、检查标准(依据)、检查方法、检查结果、原因分析、检查单位、检查人员、被检查单位、被检查单位负责人等栏目(列)。

六、检查方法

访谈、查阅文件和记录、现场观察、仪器测量。

七、检查要求

1. 检查内容要求

(1)**综合性检查**:在检查"一岗三责"的前提下,重点检查经营状况、7S推进、挖潜增效、节能降耗等。

(2)**专业性检查**:在全面检查公司各项安全管理工作的基础上,重点检查危货运输车辆、安全关键装置、重点部位、危险物品、电气装置、特种机械设备、防火防爆、防尘防毒、劳动保护等内容。

(3)**季节性检查**:根据当地的地理和气候特点,对防火防爆、防雨防洪、防雷电、防暑降温、防风及防冻保暖等内容以及重大特别节假日进行针对性检查。

(4)**日常检查**:分为岗位工人检查和管理人员巡回检查。岗位工人上岗应认真履行岗位安全生产责任制,进行交接班检查和班中巡回检查等。

2. 隐患整改要求

(1)综合管理部、技术安全部应按期对受检部门进行检查。对查出的隐患要逐项研究,进行原因分析并编制整改方案,经分管安全领导审批下达《隐患整改通知书》。其内容应包括序号、隐患名称、隐患类型(一般/重大)、检查日期、原因分析、整改措施、资金来源、计划完成日期、整改负责人、整改确认人、确认日期、备注等。

(2)受检部门接到《安全检查通报》《隐患整改通知书》后,进行整改,按时间要求将整改结果报技术安全部。技术安全部及时组织相关专业人员进行隐患整改验收,实施效果验证手续。未及时整改造成事故的,按情节轻重追究责任。对暂时不能整改的项目,除采取有效防范措施外,应分别纳入技术措施、安全措施或检修计划,限期整改。对随时有可能发生的重大事故隐患,应及时采取有效防范措施,经批准后立即停产整改。因部门确实无能力解决的重大安全隐患,应当由技术安全部提出解决方案报公司领导审批。

(3)技术安全部根据各部门整改落实情况,负责向公司上报并提出考核意见。

3. 检查时间要求

(1)综合检查频率:至少1次/季度,节前大检查按照综合大检查要求在国家法定节假日前进行检查。

(2)专业检查频率:2次/年,上、下半年各一次。

(3)季节性检查频率:1次/季度,春、夏、秋、冬每季节的最后一个月进行。

(4)具体检查时间:

①班组检查应在每周进行,由班组长组织实施,并将检查情况记录备案。

②公司级日常安全检查由技术安全部组织实施,原则上每周进行一次。

③下达各类《安全检查通报》《整改通知书》的时间:安全检查完毕3日内。
④各部门整改回复时间:接到《安全检查通报》《整改通知书》5日内,节假日顺延。
⑤各类检查时间重复时,以综合检查组为主,各相关专业组检查人员参加。

4. 检查人员要求

(1)各专业组人员接到技术安全部通知后,按时间要求到指定地点参与检查。

(2)受检查部门成立以部门领导和各专业人员组成的检查小组,参加检查。

5. 检查人员纪律

(1)参加检查人员不得迟到、早退和无故缺席。

(2)检查人员必须认真负责,公平、公开、公正地开展检查工作。

(3)每次检查完毕与受检部门进行检查结果交流。

八、考核

(1)技术安全部负责通报检查结果,并将检查结果报公司综合管理部备案,月底由公司综合管理部进行考核。

(2)各部门每月至少开展一次部门级自查工作并在25日前将部门自查情况报技术安全部备案。不报或迟报将对部门行政第一负责人处以50元/次的罚款;对部门专(兼)职安全员处以100元/次的罚款。

(3)各部门在接到《安全检查通报》《整改通知书》时需在规定时间内,以书面形式且由部门行政第一负责人签字后加盖部门印章后将整改情况回复技术安全部;未能及时进行整改的,须进行风险分析并以书面形式将未整改原因和安全防护措施报技术安全部备案。未在规定时间内回复的部门,将对该部门行政第一负责人处以100元/次的罚款;对部门专(兼)职安全员处以200元/次的罚款。

(4)技术安全部将组织相关人员参照各部门的整改回复情况进行复查。对未进行整改而上报进行了整改的部门将根据具体情况对部门行政第一负责人处以200元/次的罚款;对部门专(兼)职安全管理人员处以300元/次的罚款。

附录二 ××××公司道路交通事故奖惩管理规定

为加强道路交通安全管理工作,有效预防和减少道路交通事故的发生,保护公司财产和人民群众生命财产安全,强化从业人员安全和责任意识,确保公司生产经营安全、有序、平稳运行,根据国家法律法规和公司有关管理规定,结合公司道路交通管理工作实际,特制定本管理规定。

一、适用范围

本管理规定适用于公司所有从事车辆驾驶以及与道路交通活动有关的部门和个人。

二、工作职责

1. 技术安全部工作职责

(1)负责贯彻执行道路交通管理法律、法规、规章和规范性文件,研究解决公司范围内道路交通安全的重大问题。

(2)组织制定公司道路交通安全管理的有关规则制度、实施细则和年度道路交通安全目标,督促车辆所在部门建立安全责任制,落实安全管理措施。

(3)负责组织车辆所在部门负责人及从业人员(驾驶人员、押运人员)进行交通安全宣传教育活动。

(4)督促和检查车辆所在部门做好道路交通安全管理工作,落实安全措施,消除重大隐患。

(5)组织公司范围内发生的道路交通事故的现场抢救及善后处理工作,及时上报有关情况。

(6)定期组织召开公司道路交通安全工作会议,听取有关部门的工作汇报,分析道路交通事故的规律和特点,查找存在的问题,提出解决的办法和措施,督促有关部门对重大隐患进行整改。

(7)负责组织公司道路交通事故的调查与处理工作,根据事故性质,拟定事故处理建议,报公司领导审批后,提交综合管理部对相关责任部门及责任人实施考核。

2. 车辆所在部门工作职责

(1)认真贯彻执行国家和公司有关道路交通管理的法律、法规、规章和管理规定,把道路交通安全管理工作纳入重要议事日程,认真抓好落实。

(2)建立道路交通安全责任制,以班组为单位,层层签订责任书,落实具体责任人,把预防和减少重特大交通事故的各项措施落到实处。

(3)结合部门实际情况,开展多种形式的道路交通安全宣传教育活动,负责部门驾驶人员的交通安全教育,协助公司安全管理部门抓好具体措施的落实。

(4)落实专人健全完善部门内驾驶人员、车辆相应记录台账。

(5)负责本部门车辆、驾驶人员的日常管理与监督检查工作,严禁存在问题的驾驶人员和车辆参与公司生产运营。

(6)当本部门车辆发生道路交通事故时,立即组织抢救,协助公司安全管理部门调查事故,处理善后工作。

3.驾驶人员工作职责

(1)驾驶人员必须证、照齐全,严禁无证驾驶。

(2)积极参加公司及部门组织开展的安全教育学习和有关活动。

(3)认真执行交通法规和公司各项安全管理制度。违反交通法规和公司管理规定造成事故者,承担相应经济处罚和法律责任。

(4)出车前,必须认真进行车辆安全性能检查,严禁车辆"带病"行驶。

(5)严禁酒后开车,不开赌气车、情绪车,在有病、睡眠不足的情况下,不得从事驾驶作业。

(6)不得私自将车辆转借给他人驾驶。违规借用造成事故的,由当事人和驾驶人员承担一切经济及法律责任。

(7)当发生道路交通事故后,及时进行现场应急处置,同时向相关部门和公司 GPS 监控信息平台报告,协助事故调查与处理工作。

三、处罚的原则和种类

(1)处罚的原则:以事实为依据,根据事故的性质、损失和影响大小,按照事故处理"四不放过"的原则,对责任部门和责任人进行相应教育及处罚。

(2)处罚的种类:根据事故处罚的原则,除对事故责任人追究经济赔偿外,还可给予其警告、行政罚款、停车整顿以及取消在公司的从业资格和开除等行政处罚。

四、事故的分类

根据《道路交通事故处理办法》和《关于修订道路交通事故等级划分标准的通知》规定,道路交通事故分为轻微事故、一般事故、重大事故和特大事故四个等级。

轻微事故:一次造成轻伤 1~2 人,或者财产损失机动车事故不足 1000 元,非机动车事故不足 200 元。

一般事故:一次造成重伤 1~2 人,或者轻伤 3 人以上,或者财产损失不足 3000 元。

重大事故:一次造成死亡 1~2 人,或者重伤 3 人以上 10 人以下,或者财产损失 3000 元以上不足 6 万元。

特大事故:一次造成死亡 3 人以上,或者重伤 11 人以上,或者死亡 1 人,同时重伤 8 人以上,或者死亡2人,同时重伤5人以上,或者财产损失6万元以上。

根据《道路交通事故处理办法》和《关于修订道路交通事故等级划分标准的通知》规定,为有利于划分管理权限,将××××公司道路交通事故作如下划分。

(1)轻微事故:直接经济损失在1000元以下。

(2)一般事故:直接在经济损失在1000元以上3000元以下。

(3)重大事故划分为A类和B类。

①重大事故A类:直接在经济损失在3000元以上30000元以下;

②重大事故B类:直接在经济损失在30000元以上60000元以下。

(4)特大事故:直接在经济损失在60000元以上。

注:本管理规定中所指"以上"均包括本数;"以下"均不包括本数。

五、事故考核

1. 行政处罚

(1)对驾驶人员的处罚标准。凡在公司从事道路营运的驾驶人员发生道路交通安全事故,根据事故损失、影响大小和在事故中的责任不同,未发生人员死亡的情况下,对责任人按附表1所列标准给予相应的处罚。

事故考核处罚标准 附表1

事故性质 事故分类	次要责任	同等责任	主要或全部责任	备注
轻微事故 (1000元以下)	给予批评教育	给予批评教育	给予批评教育,并处现金100元	发生事故从第二次起处罚标准上升一个档次,即若是次要责任则按同等责任处罚;若是主要或全部责任则按下一档次的次要责任处罚,以此类推
一般事故 (1000元以上3000元以下)	写书面检查,并处罚现金100元	写书面检查,并处罚现金150元	写书面检查,并处罚现金200元	
重大事故A类 (3000元以上30000元以下)	警告、停车整顿3天,写检查并处罚现金250元	警告、停车整顿5天,写检查并处罚现金300元	警告、停车整顿7天,写检查并处罚现金350元	
重大事故B类 (30000元以上60000元以下)	警告、停车整顿10天,写检查并处罚现金400元	警告、停车整顿20天,写检查并处罚现金450元	警告、停车整顿30天,写检查并处罚现金500元	
特大事故 (60000元以上)	由公司安全领导小组专题研究处理意见			
备注	对虽未构成较大经济损,但给公司声誉造成严重负面影响的,将参照重特大事故给予处罚			

(2)对管理人员处罚标准。在道路交通事故中,负有管理责任和领导责任的,严格按照《××××公司员工违纪违规处罚条例》和《××××公司员工操行管理条例》对责任人进

行相应处罚。

(3)在道路交通事故中,发生人员死亡情况的,提交公司安全管理领导小组专题研究处理意见或移交司法机关另行处理。

2. 经济处罚

发生道路交通安全事故造成的直接经济损失,按保险公司不赔部分,由责任人根据在事故中承担的责任不同,承担相应的经济赔偿,具体标准如下。

(1)在道路交通事故中承担次要责任的,按保险公司不赔部分的4%赔偿。

(2)在道路交通事故中承担同等责任的,按保险公司不赔部分的6%赔偿。

(3)在道路交通事故中承担主要责任的,按保险公司不赔部分的8%赔偿。

(4)事故责任人在当年发生道路交通事故,从第二次起(含第二次)每增加一起,赔偿比例在上述基础上递增两个百分点。

注:①根据公司管理实际情况,在道路交通事故中,个人承担的责任以实际应承担责任为准;②因单体车系多人驾驶同一台车,保险公司不赔部分按公司技术安全部根据该车保险情况及索赔次数,重新计算不赔金额报公司分管领导审核后确定;③小车发生道路交通安全事故,按公司小车管理办法的相应规定执行。

六、奖励

机动车辆驾驶人员全年未发生道路交通事故和违章违纪行为的,其奖励在《××××公司驾驶人员安全操行考核与奖惩积分管理办法》中给予体现。

七、其他相关规定

(1)道路交通安全事故经济处罚及赔偿部分,在该事故终结后,由技术安全部拟定调查处理报告,上报公司领导审批同意后,提交综合管理部在责任人工资绩效中实施考核。

(2)道路交通安全事故行政罚款,由技术安全部拟定对责任部门和责任人的处罚建议,上报公司领导审批同意后,提交综合管理部实施考核。

八、附件

(1)本管理规定由技术安全部负责解释。公司原有规定与本规定不相符的以本规定为准。

(2)本管理规定自发文之日起执行。

九、相关支持文件

(1)《××××责任公司员工操行管理条例》。

(2)《××××责任公司员工违纪违规处罚条例》。

附录三 ××××公司驾驶人员安全操行考核与奖惩积分管理办法

为加强公司车辆安全管理,增强驾驶人员的责任感和安全意识,牢固树立"安全第一"的基本理念,确保车辆安全行驶,预防较大以上交通安全事故的发生,结合公司实际情况,特制定本管理办法。

一、适用范围

本管理办法适用于公司所有机动车辆驾驶人员。

二、操行考核与奖惩的基本原则

(1)对驾驶人员操行考核与奖惩积分管理,必须坚持实事求是、客观公正、标准统一、有奖有罚的原则。

(2)操行管理采取记分制,基于个人操行记录实行一事一记,采取直接扣分与奖分的方式。

(3)操行分计算:驾驶人员操行考核每年基准总分为20分。如未出现违纪违规行为保持20分,若出现违纪违规行为在20分中扣减。

①驾驶人员因违纪违规受处罚的时间遇跨年度时,其原有操行分转入新年度继续考核。

②驾驶人员岗位变动,其原有操行分转入新岗位继续考核。

③若驾驶人员重复出现同一违纪违规行为,加倍扣分;若同时出现多项违纪违规行为,实行数错并处,叠加扣分。

三、工作职责及要求

1. 综合管理部

负责协调公司相关部门共同做好公司驾驶人员日常管理与监督检查工作,对驾驶人员进行操行考核及奖惩的具体落实。

2. 技术安全部

(1)负责公司驾驶人员操行考核与奖惩积分管理的具体工作和日常监督。

(2)负责每月28日前汇总当月驾驶人员的奖扣分情况,经公司领导签批后,提交总经理办公室对责任部门及责任人实施考核。

3. 车辆所在部门

(1)负责贯彻执行国家相关安全生产法律法规、行业标准,以及××××公司和××××公司有关安全规章制度。

(2)负责健全部门有关机动车辆的安全技术和安全生产管理制度,编制部门的安全技术措施计划和方案,并组织实施。

(3)负责组织部门驾驶人员进行日常安全教育,并定期进行考核。

(4)负责定期或不定期组织安全检查,确保车辆设备、安全装置、防护设施完好,发现隐患及时整改;若整改难度较大,需及时上报公司协调处理。

(5)负责组织部门级"反事故"预演预练,以及开展相应的安全生产竞赛等安全活动。

4.驾驶人员

(1)严格遵守国家相关法律法规及公司各项安全生产规章制度和操作规程,服从管理,不违章作业,对本岗位的安全生产负直接责任。

(2)自觉学习并掌握本职工作所需的安全生产知识,提高安全生产技能,积极参加公司及部门组织的各类安全活动,增强自救与互救能力及事故应急处理能力。

(3)严格执行公司车辆及安全设施检查制度,加强车辆的日常维护,发现问题及时处理,并做好相应记录台账。

(4)当发生道路交通事故时,应及时正确分析、判断并处理,同时将事故情况如实上报公司GPS信息平台,积极配合相关部门处理事故现场。

四、考核的内容

(1)遵守国家法律法规和行业标准,以及公司相关安全管理制度情况。

(2)违章违纪情况。

(3)车辆车况及安全设施完好情况。

(4)发生道路交通事故的上报、处理及频率情况。

(5)参加安全培训学习和安全活动情况。

(6)其他。

五、考核的方式

(1)日常巡查。

(2)突击检查。

(3)问卷调查。

(4)受理投诉。

(5)事故调查与处理等。

六、奖罚

对考核结果实行奖扣分制度,并作为工资绩效考核、年终奖金、评选先进、解除劳动合同的依据。奖扣分标准按照《驾驶人员安全操行考核与奖惩积分考核表》执行。

七、有下列情形之一的,予以奖励分值(附表2)

(1)安全行车工作得到部门领导统一认可,并以书面形式建议技术安全部予以表扬的。

驾驶人员安全操行考核与奖惩积分考核表   附表2

序号	考核内容	奖扣分值标准	备注
1	安全行车	(1)违反一般道路交通规则的,按照交管部门所扣分值扣同等操行分值	
		(2)轻微事故:直接经济损失在1000元以下,责任人负次要责任的不扣操行分;负同等责任的扣操行分1分;负主要或全部责任的扣操行分2分	对责任人的经济及行政处罚,严格参照公司《安全生产奖惩管理制度》执行
		(3)一般事故:直接经济损失在1000元以上20000元以下的,责任人负次要责任的扣操行分3分;负同等责任的扣操行分4分;负主要或全部责任的扣操行分5分	标准同上
		(4)较大事故:直接经济损失在20000元以上50000元以下的,责任人负次要责任的扣操行分6分;负同等责任的扣操行分7分;负主要或全部责任的扣操行分8分	标准同上
		(5)重大事故:直接经济损失在50000元以上100000元以下的,责任人负次要责任的扣操行分12分;负同等责任的扣操行分15分;负主要或全部责任的扣操行分18分	标准同上
		(6)特大事故:直接经济损失在100000元以上的,对责任人扣操行分20分	由公司安全领导小组专题研究处理意见
		(7)因个人原因,造成发生车辆机械事故的: ①本人承担金额在1000元以下的,对责任人扣操行分3分; ②本人承担金额在1000元(含)以上2500元以下的,对责任人扣操行分5分; ③本人承担金额在2500元(含)以上7500元以下的,对责任人扣操行分7分; ④本人承担金额在7500元(含)以上10000元以下的,对责任人扣操行分12分; ⑤本人承担金额在10000元以上50000元以下的,对责任人扣操行分18分; ⑥本人承担金额在50000元以上的,对责任人扣操行分20分	如本人承担金额在50000元以上的,由公司安全领导小组专题研究处理意见。并严格参照公司《安全生产奖惩管理制度》执行
2	安全工作纪律	(1)不服从安全管理的,对责任人每次扣操行分2~10分	
		(2)公车私用和违反规定驾驶公车、报销用车费用,私自借车的,对责任人每次扣操行分5~15分	
		(3)有违反本管理办法第八条内容之一的,对责任人一次性扣操行分20分	同时参照公司相关安全管理规定执行
		(4)故意屏蔽GPS监控系统两次以下(不含两次)的,对责任人每次扣操行分10分	故意屏蔽GPS监控系统两次以上(含两次)或人为破坏GPS设备的,对责任人一次性扣操行分20分;同时参照公司相关安全管理规定执行

续上表

序号	考核内容	奖扣分值标准	备注
2	安全工作纪律	(5)在应急处置过程中,通信工具(电话、手机)无法联系上的,对责任人每次扣操行分2分	同时参照公司相关安全管理规定执行
		(6)旷工、私下叫人顶替开车、擅自停开班车的,对责任人每次扣操行分5分	同时参照公司相关安全管理规定执行
		(7)不按调度指令,在指定地点待命,或擅自离岗、外出的;不准时出车和等候服务对象的,对责任人每次扣操行分2~5分	
3	车辆服务	(1)车辆在正常运行中擅自停靠,更改线路的,互相追逐和超车的,对责任人每次扣操行分2~5分	
		(2)不注意文明用语、仪表不整洁的,服务态度差的,对责任人每次扣操行分1分	
		(3)车辆服务质量被投诉一次的,对责任人每次扣操行分2分	
4	车容车貌	(1)不及时进行车辆清洗、车容不整齐或车内物品摆放不整齐的,对责任人每次扣操行分1分	
		(2)在车辆行驶途中,在车内吸烟或未及时清理烟蒂的,对责任人每次扣操行分1分	
5	车辆维护修理	(1)不遵守车辆"三查、三清、防四漏"管理规定的,对责任人每次扣操行分2分	
		(2)不遵守车辆维修管理规定的,对责任人每次扣操行分2分	
		(3)驾驶人员明知车辆有故障而不及时排除,造成任务不能及时完成的,对责任人每次扣操行分5分	
6	其他方面	(1)不按照规定参加各类安全会议、学习或集体活动的,对责任人每次扣操行分1分	
		(2)驾驶人员不按规定记录车辆运行台账的,对责任人每次扣操行分1分	
7	奖励方面	(1)车辆服务得到公司领导统一认可,并以书面形式建议技术安全部予以表扬的,每次奖励操行分2分。全年累计不超过4分	
		(2)在参加抢险救灾或处理突发事件中,表现突出的,每次奖励操行分2分	
		(3)积极为公司加强车辆管理出谋献策,提出合理化建议,被采纳后取得明显效果的,每次奖励操行分2分	
		(4)积极参加行业主管部门或公司组织各类比赛,并取得一定名次的,酌情奖励操行分1~3分	
		(5)全年未发生违章违纪行为和道路交通事故的,年终一次性奖励操行分2分	
		(6)有其他可予以表扬奖励行为情形的,酌情奖励操行分1~3分	

(2)在参加抢险救灾或处理突发事件中表现突出的。

(3)积极为公司加强车辆安全管理出谋献策,提出合理化建议,被采纳后取得明显效果的。

(4)积极参加公司组织的各类安全会议、教育培训、安全考试、劳动竞赛,并取得一定名次的。

(5)全年未发生违章违纪行为和道路交通事故,没有被扣分的。

(6)其他可予以表扬奖励行为情形的。

有下列情形之一,属于××××公司总裁办招聘的驾驶人员退回人力资源部;由××××公司自行聘用的驾驶人员直接解除劳动合同。

(1)一年内超过6次交通安全违法行为的,或在一个记分周期(一年)内超过12分记分处罚的。

(2)发生道路交通事故时,按照交警部门对交通事故的责任认定,驾驶人员应承担的经济赔偿超过10000元的,或在一年内发生3次交通事故的。

(3)驾驶与准驾车型不符的机动车的。

(4)饮酒后驾驶机动车的。

(5)造成交通事故后逃逸,尚不构成犯罪的。

(6)使用伪造、变造机动车号牌、行驶证或驾驶证或者使用其他机动车号牌、行驶证的。

(7)在高速公路上倒车、逆行、穿越中央分隔带掉头的。

(8)擅自使用公司车辆私运货物,以及盗窃、藏匿、变卖公司财物的。

(9)发生交通事故不及时处理或报告,故意破坏现场,伪造事实,造成严重后果的。

(10)发生道路交通安全违法行为受到吊销机动车驾驶证、拘留及以上处罚的。

(11)因驾驶人员未按期对车辆进行维护,车辆出现机械性故障或未按规定配置安全设施,造成事故未得到有效控制的。

(12)因驾驶人员自身的行为给公司造成恶劣影响的。

(13)当年累计操行扣分超过20分(含20分)的。

驾驶人员中途进入公司的,按照每月2分乘以当年所剩月份数为基准分。当年累计扣分超过基准分的,超过部分按照每1分100元扣发岗位津贴。驾驶人员试用期满扣分累计超过5分的,视为试用不合格,不予聘用。

驾驶人员全年未发生交通事故和违章违纪行为的,年终发放安全奖200元。被评为公司安全驾驶人员的,另行奖励400元。

每季度、年度由公司技术安全部对驾驶人员操行分进行汇总,并进行以下奖励:

(1)推选各级各类先进时,按照分数从高向低排序,分数高者优先推选。

(2)按照分数从高向低排序,建议公司对前3名给予相应的物质奖励。

驾驶人员的奖扣分由技术安全部具体负责,并制表登记。发现违反规定的,应及时核实,按照规定奖扣分,并书面通知所在部门,由所在部门及时通知驾驶人员本人。被奖扣分的驾驶人员,如对奖扣分有异议的,应在7个工作日内向技术安全部申请复议。

附录四 ××××外资公司驾驶人员奖惩管理规定

加强对产品车驾驶人员的日常管理,强化对产品车驾驶人员日常操作纪律性考核;充分发挥正面激励对驾驶人员的导向作用,鼓励驾驶人员在爱护车辆、配送安全、服务客户等方面进一步改善表现;对发生的任何与车辆相关的事故/事件有汇报、有分析、有处理、有跟踪,最终达到零事故、零伤害的安全目标。

一、适用范围

本标准适用于公司所有的液体或钢瓶气(包括长管)、所有的产品车驾驶人员和相关人员,在人力资源部发布后实施。各区域可以依据本标准的基本要求,制定相应的区域性标准。

二、管理责任

区域配送经理对本程序的执行负责。

车队主管:记录每一个驾驶人员的实际安全表现、相应的安全工作时间、行驶公里数,并据此将拟推荐的季度优秀产品车驾驶人员名单上报给区域配送经理、区域安全经理,经审核后张榜公布;依据本规程对相关人员实施纪律处分并跟进改进计划。

区域配送经理:经区域安全经理抽检、核实后,根据本程序提出奖励或处罚意见,上报人力部门和区域运行总监等区域管层及中国区配送总监,并签字存档。

中国区配送总监:对本程序的解释、修订和执行过程中的存在问题进行跟进。

三、定义

产品车事故(PVA、PVI):根据中国区配送部给出的定义。

质量事故(QIR):根据中国区配送部给出的定义。

可记录的事故(RII):根据全球安全手册给出的定义。

四、操作程序

(一)奖励

1. 月度驾驶安全奖

公司对产品车驾驶人员安全表现实施考核,旨在激励产品车驾驶人员持续、安全地驾驶和操作。月安全奖按产品车驾驶人员安全行驶的公里数进行计算并发放,考核及发放的具体细则依照各区域或公司的产品车驾驶人员薪酬政策执行。

2. 季度、年度优秀驾驶人员

季度优秀驾驶人员考核主要从安全业绩、服务业绩、月度黑匣子统计数据几方面来制定季度优秀驾驶人员的评选条件：

(1) 不在处分期内及本季度无短期停职培训以上的处分。

(2) 本季度无产品车事故。

(3) 本季度没有发生急救事故及以上事故。

(4) 无相关产品质量事故,包括产品迟交或由于操作失误、服务态度或行为不佳等原因影响客户生产,造成客户抱怨等。

(5) 通过现场 SOS、黑匣子、CCAV 等途径进行的安全观察,未发现有冒险行为,劳防用品穿戴规范,驾驶室内务整理良好。

(6) 服从工作安排,根据调度安排准时出车,按规定顺序及路线行驶。

(7) 积极参与 PI 汇报及合理化建议活动,原则上至少本季度有一个有效的 PI 汇报或合理化建议。

(8) 该驾驶人员该季度本人行驶公里数大于平均公里数的 80%（MB 驾驶人员采用 MB 的平均公里数）。

注：如发现有瞒报、迟报事故现象,相关员工将失去本年度所有评奖资格,并按公司相关规定给予纪律处分。

在符合上诉条件的情况下,依据现场 SOS、黑匣子数据分析、CCAV 等途径进行的安全观察,对各驾驶人员的安全表现（冒险行为、劳防用品穿戴规范、驾驶室内务整理等）进行打分（各区域制定相应细则,报中国区备案）。排名在 10% 前的驾驶人员拟定为优秀驾驶人员。由车队主管协同车队安全员根据统计提名,由区域配送经理、安全经理审核,张榜公布一周后由区域或合资公司人事部实施。员工可向区域配送经理、运行总监、中国部配送总监等举报任何不实情况。区域经理和中国区配送安全经理对优秀驾驶人员的评选结果进行必要的抽查。

季度优秀驾驶人员的奖金额建议为×××元/人。

本年度四个季度均被评为优秀驾驶人员的,同时将取得年度优秀驾驶人员资格。年度优秀驾驶人员的奖金额建议为×××元/人。

3. 驾驶人员安全驾驶荣誉奖

为激发产品车驾驶人员安全驾驶的荣誉感,公司对产品车驾驶人员在其工作期间连续、累计无产品车事故（不包括不可预防的事故）的实际里程数（实际公里数）进行统计,并据此予以表彰。

累计安全行车里程表彰分为 50 万 km、100 万 km 安全行车和 200 万 km（终身驾驶安全成就奖）等级别,具体如附表 3 所示。

各公司应对产品车驾驶人员的安全行车里程进行逐月累计,并在驾驶人员达到上述标准里程数的次月,及时将名单上报给中国区配送部,每年一月份对上一年达到标准的驾驶人员进行表彰。

当出现产品车事故后,该驾驶人员此前安全行车里程数字清为"零",重新开始计算。从2010年1月1日开始计算。

安全驾驶奖励标准 附表3

类别	指标	奖励及表彰形式
50万km安全行车奖	累计安全行车里程数达到50万km无事故	在区域范围内通报表彰,颁发50万km累计安全行车奖牌及奖品
100万km安全行车奖	累计安全行车达100万km无事故	在中国区范围内通报表彰,颁发100万km累计安全行车奖牌及奖品
200万km(安全驾驶终身成就奖)	驾驶人员未发生任何产品车事故且安全驾驶超过200万km无事故	颁发200万km(安全驾驶终身成就奖)杯及奖品

(二)处罚

驾驶人员违反规定处罚措施:驾驶人员和押运人员有附表4所述不当行为,将受到相应的处罚(其次数指的是自然年内,严重事故是指HSE事故及以上事故)。

处罚规定 附表4

序号	不当行为类型	警告(A)	短期停职培训(B)	书面警告(C)	停职及转岗(D)	解除劳动合同(E)
1	不按照出车前检查要求完成检查	一次	第一次发生时经提醒拒不执行的	造成5000元以下损失的	造成5000元以上损失的	—
2	不完成出车前酒精测试和防疲劳测试的	—	一次	两次犯规的	一次并发生一般性PVA	发生严重PVA
3	操作时不按公司规定穿戴必要的PPE	一次	在充装/卸货时不按规定穿戴PPE,经提醒拒不执行的	两次发生B类违纪	—	三次发生B类违纪,或由此发生RII及以上安全事故
4	驾驶时驾驶人员或押运人员不系安全带,或在卧铺上休息时不系好安全带和安全网	—	第一次发生	—	—	经提醒拒不执行
5	违反公司酒精和药物政策,吸毒/酒后驾车	—	—	—	—	一次
6	违反移动电话使用规定在行驶途中打电话	—	第一次发生	—	—	经提醒拒不改正
7	超过公司限速(60km/h)	一次	二次	三次	一次并发生一般性PVA	发生严重PVA

续上表

序号	不当行为类型	警告(A)	短期停职培训(B)	书面警告(C)	停职及转岗(D)	解除劳动合同(E)
8	超过政府限速的,有违章记录	—	—	一次	—	—
9	无合理理由不按规定的线路行驶,或无合理理由不按规定时间到达指定地点	一次,未影响客户	—	引起客户投诉的	影响客户使用的	—
10	在驾驶室吸烟	—	第一次	二次	三次	四次
11	在禁烟区(无论是客户现场还是工厂)吸烟	—	—	—	一次	二次
12	未遵守SOP,引起产品错充的(不论客户是否发生事故)	—	—	—	未发生其他事故	发生任何质量或安全事故的
13	未遵守充装SOP,引起过量充装或其他事件(安全阀动作、放空、压力降低等)的	—	未发生严重后果	—	经教育不改正的	引起客户停产而且索赔超过100000元的设备有50000元及以上的损坏的
14	未遵守SOP引起拖挂连接出问题的	—	—	未发生后果	—	发生拖挂且引起支腿损坏,或者其他设备损坏的,或者发生安全事故的
15	举止不当引起客户投诉的	轻微情节	—	吵架等情节较重	—	动手打架的
16	未与计划员/调度员沟通擅自更改充装次序,或未经计划员允许,自己改变储罐充装计划的	无后果	发生客户投诉等轻微后果	—	产生断气等较严重后果的	主观恶意或经教育拒不改正,或产生客户终止合同或超过100000元赔款的
17	蓄意调改或拆动黑匣子、GPS、CCAV及其他车载设备	—	—	一次	—	两次

续上表

序号	不当行为类型	警告(A)	短期停职培训(B)	书面警告(C)	停职及转岗(D)	解除劳动合同(E)
18	瞒报PVA/PVI或车辆相关的安全事件(自己没有汇报,其他人发现的)	—	—	一次轻微事故	—	两次轻微事故或者一次严重事故
19	迟报PVA/PVI或车辆相关的安全事件(24h以上,其他人没发现,自己主动汇报的)	一次轻微事故	—	—	两次轻微事故或者一次严重事故	—
20	违反倒车操作规定倒车的	未发生事故	未发生事故,第二次违反倒车规定	一次轻微PVA或三次违反倒车规定	二次轻微PVA	一次严重PVA
21	在停车场或行车途中未按规定停放车辆	—	造成小于5000元损失或轻微PVI	—	造成大于20000元的损失或严重PVI	
22	拉软管事故					一次
23	发现客户现场不符合充装条件,但未汇报,擅自决定充装的	—	一次,未发生后果	发生险兆事故	—	发生可记录事故及以上的伤害事故或严重的PVA
24	没有合适理由不参加公司或部门组织的安全会议/培训	—	第一次	第二次	—	
25	发生PVA,且定义为可预防的	—	一次,且认识到错误,并且损失小于5000元的	一次,损失大于5000元小于20000元,且认识到错误愿意改正	发生一次超过大于20000元不超过150000元的事故,且认识到错误	1. 发生一次损失超过150000元的事故,且交警定义本方有责事故的; 2. 发生PVA后,对事故的认识不足

1. 警告

由配送主管对驾驶人员的不当行为进行必要的教育,根据该区域对驾驶人员处罚条例进行处罚,原则上以教育为主。

2. 短期停职培训

由配送主管对驾驶人员的行为进行必要的教育或补充培训,停职期一般为1~5个工作

日,被培训员工在临时停职培训期间必须到所在车队报到并完成培训,视驾驶人员的态度和培训情况酌情扣减月度安全奖。

3. 书面警告

由区域配送经理对驾驶人员的严重违纪行为以书面形式提出批评教育,并要求员工与相关配送主管一起提出改进计划,有关配送主管据此跟进,改进期为一周至一个月。改进期内,员工的相关奖励会受到影响。如不能得到有效改进,则转入下一级的处分。

4. 转岗

由区域配送经理、区域运行总监对驾驶人员的不当行为进行教育,并在区域内通报。改进期为1~6个月。改进期满后如本人能深刻认识错误,经考核合格、区域配送经理同意后方可恢复上车。

5. 解除劳动合同

由区域运行总监和人事经理与驾驶人员解除劳动合同,并在区域内通报。

附录五 ××××公司安全生产会议管理制度

第一章 总 则

第一条 为加强公司安全生产会议管理,切实贯彻落实安全会议精神,结合公司实际,制定本管理制度。

第二条 公司总经理负责定期主持召开公司办公会,确定公司安全生产目标、规划、计划,研究解决安全生产中的重大问题,批准重大安全技术措施,落实安全保证基金的使用。

第三条 公司分管生产安全副总经理助理对公司安全生产负主要责任,负责定期主持召开公司安全生产领导小组安全例会及公司月度安全生产例会,总结公司近期安全生产情况,分析公司安全生产动态,及时解决安全生产存在的问题。

第四条 技术安全部是公司安全生产监督管理部门,负责组织召开公司安全生产总结会和安全专题研讨会,通报公司近期安全生产情况并对下一步安全工作进行安排和部署,推进和落实各项安全隐患整治工作。

第二章 安全生产会议组织形式

第五条 安全生产会议有以下几种类型。

1. 企业例会

(1)公司安全生产领导小组(安全生产管理委员会)工作例会:每季度召开一次,在每季度月初的第一周周一(节假日顺延)由公司总经理组织召开,公司级领导、公司分管安全生产总经理助理、各生产经营版块负责人、各职能部门负责人和安全生产领导小组成员参加,遇特殊情况可以临时组织召开。

(2)公司月度安全生产工作例会:每月组织召开一次,在每月第一周周二(节假日顺延)由分管安全生产的总经理助理组织召开,公司级领导、各生产经营版块负责人、分管生产安全负责人、各职能部门负责人、各部门专(兼)职设备安全员参加,遇特殊情况可以临时组织召开。

(3)安全工作总结会:每半年召开一次,在每半年后的下一月月初(节假日顺延)由公司总经理组织召开,副总经理、分管安全生产总经理助理、各生产经营版块负责人、分管理生产安全负责人和各职能部门负责人、各部门专(兼)职设备安全员和职工代表参加,遇特殊情况可以临时组织召开。

(4)安全专题会:技术安全部根据安全整治项目确定各部门主要负责人、专业管理人员或技术人员参加,会议时间根据安全整治项目确定。

2. 部门级会议

(1)安全总结会:由部门负责人组织在每月第一周(节假日顺延)召开,对上月的安全工作情况进行总结分析,并对下月安全工作进行部署和安排;分管安全生产负责人、专(兼)职设备安全员、班组长和专业技术管理人员参加,遇特殊情况可以临时组织召开。

(2)安全专题会:部门负责人或分管安全生产负责人主持,落实政府和行业主管部门以及公司的各项精神或推进部门的各项专项整治工作。根据安全整治项目确定管理人员或技术人员参加;会议时间根据安全整治项目确定。

3. 班组会议

班组长或班组安全员组织全班人员召开安全工作会议,每周一次;会议时间根据班组工作实际进行确定。

第三章 会议要求

第六条 各部门参会人员必须熟悉本部门生产、安全情况,做好会前汇报工作。

第七条 参会人员必须按时出席会议,不得无故迟到或缺席。

第八条 因公不能参加会议者,必须提前向主持会议的领导或部门请假,由会议组织部门登记存档备案。

第九条 各参会人员必须做好会议记录并整理存档备查。

第十条 对无故迟到或不假不到者,或者请假或缺勤的人员,按公司规定进行考核。

第十一条 对无故迟到者按50元/次对责任人进行处罚;对无故缺席者按100元/次对责任人进行处罚,并在月度奖惩通报和组织召开的工作例会上给予通报批评。

第四章 适用范围

第十二条 公司下属范围内各部室、中心、分(子)公司。

第五章 附 则

第十三条 各部室、中心、分(子)公司根据本管理规定,制定本部门的安全生产会议细则,加强本部门的安全管理。

第十四条 本规定由技术安全部负责修订和解释。

第十五条 本规定从发文之日起施行。

附录六 ××××公司安全培训教育管理制度

一、总则

(1) 为规范公司员工安全教育,提高员工安全素质,杜绝违章作业,避免事故的发生,根据《安全生产法》、国家安全生产监督总局下发的《生产经营单位安全培训规定》和集团公司的有关规定,特制定本制度。

(2) 本管理制度适用于公司各部门员工及来公司务工的临时工和外来施工单位参观实习人员。

二、安全教育的形式、内容和组织实施

1. 公司主要负责人和安全管理人员的安全教育

(1) 公司主要负责人和安全管理人员必须参加市安监局组织实施的安全知识和技能培训,经考核合格取得安全资格证,并按规定及时进行再教育或安全资格复审。

(2) 公司主要负责人、中层管理人员和安全生产管理人员必须接受公司每年一次的安全生产知识和安全管理能力的培训。

(3) 专(兼)职安全管理人员必须接受在职继续教育培训。通过培训,使专(兼)职安全管理人员现有的相关安全资质在保持有效性的同时,其从业资质即安全专业知识和管理技能也全面提升,以适应新的安全管理要求。专(兼)职安全管理人员的继续教育培训由公司综合管理部组织,技术安全部具体实施,每年进行一次并实行考核检验。

(4) 培训内容:
① 国家最新有效的法律法规标准。
② 公司最新有效的安全规章制度。
③ 安全生产管理基本知识、安全生产技术。
④ 职业危害及其预防措施。
⑤ 安全管理形势分析。
⑥ 现代安全管理方法。
⑦ 重大危险源管理、重大事故防范、应急管理和救援组织以及事故调查处理的有关规定。
⑧ 其他需要培训的内容。

2. 基层管理人员及专业工程技术人员安全教育

(1) 基层管理人员及专业工程技术人员必须接受每年一次的安全知识和安全技术培训

且经考核合格方能任职。

（2）基层管理人员培训内容：

①国家最新有效法律法规。

②公司最新安全规章制度。

③安全基础知识。

④安全基本技能。

⑤安全管理知识。

⑥职业卫生知识。

⑦风险管理评价。

⑧应急管理以及应急处置的内容和要求。

⑨其他需要培训的内容。

（3）专业技术人员培训内容：

①最新有效的安全标准规范、风险评价技术，最新有效的国内外安全技术经验。

②根据当年度安全技术需求提出的培训内容。

3. 其他从业人员日常安全教育

（1）各部门必须对员工进行经常性安全思想、安全技术、遵章守纪教育，增强员工的安全意识，提高安全技能。

（2）在组织安全教育时至少应包括但不限于以下内容：

①学习国家和政府有关安全生产、职业卫生法律法规，有关安全生产文件、安全通报、安全生产规章制度、安全职业卫生操作规程及安全技术知识。

②安全生产先进集体(个人)的评选奖励，违规违纪人员的查处。

③岗位安全技术练兵，班组安全生产讲评，其他班组安全管理先进经验学习。

④防火、防爆、防中毒及自我保护能力的训练，异常情况紧急处置和预案培训教育。

⑤事故隐患分析和对策措施。

⑥危险作业场所风险分析和防范措施。

⑦安全技术合理化建议。

⑧熟悉作业场所和工作岗位存在的风险、防范措施。

⑨安全事故通报，事故"四不放过"。

⑩职业卫生基本知识。

⑪正确使用、维护职业病防护设备和个人使用的职业病防护用品。

⑫其他安全教育内容。

（3）教育形式：集中培训、班组学习、技能竞赛、作业风险分析讨论等。

（4）由各部门组织开展每年一度的全员安全知识考试，考试成绩载入"安全作业证"。凡考试不合格的要进行补考，补考不合格的要进行专门的安全技术学习，考试合格后方可上岗。

4. 从事特种作业员工的安全技术知识教育

(1) 公司范围内特种作业员工的安全技术培训和教育由技术安全部负责具体实施和统一管理。

(2) 从事特种作业的员工必须经过专门的安全知识和安全操作技能培训,并经过考核取得特种作业资格后,方可上岗作业。

5. 新员工入厂三级安全教育

(1) 新入厂员工(包括新员工、临时工和培训、实习人员等)上岗前必须经过公司、部门、班组三级安全教育。

①三级安全教育必须进行理论考试并保留教育档案;若在某一级考试、考核中成绩不合格者,必须重新接受该级教育并进行补考,经补考仍不合格者,退回公司综合管理部。

②经过三级安全教育并取得安全教育卡者,方可在专人指导下上岗操作。

③部门专(兼)职安全员将安全教育卡返回技术安全部,经技术安全部查验后,由技术安全部和用人部门存入员工安全档案。

④技术安全部是三级安全教育的监督管理部门,负责对第二、三级安全教育的内容进行审核并抽查其执行情况。对违反三级安全教育管理规定的部门,将按公司规定进行考核。

⑤分配到综合管理部和技术安全部工作的新员工,只进行公司级和部门级教育。

(2) 公司级安全教育(一级)。

①公司级安全教育(一级),由公司综合管理部负责组织,技术安全部提供培训师资。

②新员工入公司报到后,公司综合管理部及时将新员工培训时间告知技术安全部。技术安全部对其进行公司级安全教育,经考试成绩合格者,由技术安全部填写安全教育卡中的公司级内容并返回公司综合管理部,安全教育卡一式二份,综合管理部以此为依据对新员工进行分配。

③教育内容:劳动安全卫生法律法规,公司化工生产特点,重大事故案例,公司安全生产规章制度及安全生产基本知识,从业人员安全生产权利和义务,了解安全防护设施、个人防护用品知识以及有关事故案例。

④第一级安全教育时间不得低于24学时。

(3) 部门级安全教育(二级)。

①部门级安全教育(二级)由部门负责组织实施。

②新员工持安全教育卡到部门报到后,由该部门专(兼)职安全员负责组织进行二级安全教育。新员工接受二级安全教育经书面考试,成绩合格者由专(兼)职安全员在安全教育卡相关栏目填写记录,新员工持安全教育卡分配到班组。

③教育内容:部门生产特点及工艺流程,所从事工种的安全职责,主要危险因素,预防事故和职业危害的主要措施及应注意的安全事项,有关事故案例;熟悉安全设备设施、个人防护用品的使用和维护,自救、互救、急救方法,疏散和现场紧急情况的处理;其他需要培训的内容。

④第二级安全教育时间不得低于24学时。

(4)班组级安全教育(三级)。

①班组级安全教育(三级)由班组组织实施。

②新员工持安全教育卡到班组接受班组级安全教育,经考核合格者,由班组长在安全教育卡相关栏目填写记录,然后返回部门专(兼)职安全员。

③教育内容:岗位安全操作规程,岗位间衔接配合安全注意事项,岗位安全与职业卫生知识;岗位历年事故经验教训及安全注意事项;掌握岗位安全设施、防护用品的使用和维护管理;其他需要培训的内容。

④第三级安全教育不得低于24学时。

6. 外来人员的安全教育

(1)农民工的安全教育(劳务公司安排到公司从事较固定的作业人员)。

①农民工的安全教育由公司综合管理部组织实施。

②第一级安全教育由技术安全部进行培训考试,经考试合格后由用工部门和班组进行第二、第三级安全教育培训考试。

③农民工经三级安全教育合格后,方可进入公司上岗作业。

④农民工的第一级安全教育成绩、试卷由技术安全部存档,并保留至农民工离开公司后注销。

⑤对农民工主要进行公司规章制度、作业岗位安全注意事项、公司危险危害因素及生产特点、应急自救常识及防护用品使用的教育。

⑥农民工经安全培训考试合格后,由用工部门向公司综合管理部提交书面材料,综合管理部负责协调办理入厂证。

(2)外来施工队伍的安全教育。

①外来施工单位的安全教育由公司综合管理部牵头组织,由技术安全部和施工作业所在部门具体实施安全教育。

②教育内容:公司相关管理制度,公司危险危害因素及生产特点,作业所在地安全注意事项,应急自救常识,其他需要进行教育的内容。

③施工作业所在部门必须做好外来施工作业人员的安全教育培训记录,并由被教育者签名确认。

④外来施工作业人员经安全培训考试合格后,由主管(接待)部门向公司综合管理部提交书面材料,综合管理部办理入厂证。

⑤技术安全部对外来施工单位人员的安全教育考试成绩进行档案记载,并保留至外来人员离开公司后注销。

(3)实习人员的三级安全教育参照本条要求执行;参观人员由接待部门组织,技术安全部和被参观单位专(兼)职安全员共同实施教育。

7. 停工或离岗复工者的安全教育

停工或离岗6个月或6个月以上需要复工者,必须重新接受第三级安全教育,经考试合格后,方可重新上岗。

8. 工作岗位发生变动员工的安全教育

(1)在部门之间变动,或由职能部门到生产岗位上岗者必须按照第6条要求,对岗位变动员工重新进行第二、三级安全教育。

(2)部门内部变动岗位者,必须按第6条要求重新接受第三级安全教育。

9. 事故责任者或违章作业者的安全教育

(1)事故责任者必须接受事故警示教育,由部门专(兼)职安全员对其进行操作法考试和预案考试,考试合格后方可上岗。

(2)在一年内违章作业累计达两次或两次以上的员工,由班组兼职安全员对其进行事故警示教育。

10. 检修要求

(1)进行大检修或重点项目检修以及重大危险性作业前,必须对参与检修作业的员工进行技术方案交底和安全检修教育后,方可进入检修现场作业。

(2)检修前的安全教育由检修所在地的单位专(兼)职安全员具体实施。

(3)教育内容:

①重温各种安全检修规章制度。

②预测检修现场或过程中存在或出现的不安全因素,制定防范措施。

③检修着装及劳动保护用品的正确使用、佩戴。

④检修作业中如何对自己及他人的保护,听从现场安全指挥。

⑤在检修过程中发现违章作业和违章指挥要坚决制止。

11. 事故应急

(1)发生较大以上事故和恶性未遂事故后,技术安全部和事故所在部门的专(兼)职安全员要组织相关员工进行现场教育,吸取事故教训,防止类似事故再次发生。

(2)新技术、新工艺、新产品、新装置投入使用前,部门员工必须接受新编安全操作规程、事故应急预案培训。

三、班组安全活动

班组安全活动由其所在部门的专(兼)职安全管理人员和班组长组织实施。

(1)各部门根据本部门生产实际情况,制订班组安全活动年度计划。

(2)班组安全活动由班组长负责每月初制订月计划,并组织实施,每月不少于2次,每次活动时间不少于1学时,每次安全活动必须做好记录。

(3)班组安全活动由所在部门专(兼)职安全管理人员负责督促抽查,并做好检查记录。

(4)部门领导和安全生产管理人员每月至少参加一次基层班组安全活动。

(5)基层班组在组织安全活动时至少应包括但不限于以下内容:

①传达贯彻上级指示,通报有关安全生产文件。

②检查有关安全生产职业卫生规章制度的贯彻执行情况。
③开展事故反思，吸取教训，提出防范措施。
④进行有关安全管理、安全技术、工业卫生知识的教育和学习。
⑤交流推广先进的安全操作经验。
⑥学习并掌握本部门与本岗位的事故应急预案，进行演练。
⑦开展班组安全检查和班组岗位技术练兵活动。
⑧发动员工积极参与安全生产活动，对违章违纪的员工进行批评教育。
⑨其他安全活动。

四、培训管理

(1)公司综合管理部是公司安全教育培训组织管理部门，负责提供安全教育所需人员、资金和物资的保障，同时将安全教育工作纳入公司培训年度计划和中长期计划。

(2)公司中层管理人员、安全生产管理人员及专业工程技术人员安全培训需求由技术安全部在年初提出，公司综合管理部负责组织实施；基层管理人员、从业人员安全培训需求由所在部门安全员提出，职教管理员负责组织实施。综合管理部及二级部门应根据培训需求制订年度培训计划，并严格按照计划组织实施。

(3)各部门结合自身生产特点制定部门安全教育制度，做好培训记录，并定期进行效果评价，培训考核按公司相关规定执行。

五、档案管理

(1)员工安全档案包括劳动防护用品登记卡、安全教育卡、安全试卷、特种作业操作证、安全作业证、违章记录、奖惩情况等。

(2)特种作业操作证及其他安全资质证由公司综合管理部和技术安全部分类进行统一管理。

(3)安全教育卡、公司级安全教育试卷由技术安全部统一管理。

(4)二、三级安全教育试卷、安全作业证、违章记录、奖惩记录由部门管理。

(5)各部门专(兼)职安全员要及时做好员工安全教育台账及记录。

(6)各部门专(兼)职安全员负责对外来施工人员的安全培训进行记录。

六、附则

(1)安全教育卡和安全作业证的管理参照相关规定执行。

(2)各部门要严格执行安全教育管理制度，凡未按本制度进行安全教育的，将对责任部门进行500～1000元的经济处罚。

(3)对外来施工单位未进行安全教育就进入现场施工的，将按公司相关安全管理规定对外来施工单位和公司相关部门进行处罚。

附录七 ××××公司关于安全管理人员、驾驶人员和押运人员聘用的管理规定

为规范公司安全管理人员、驾驶人员和押运人员的聘用管理,进一步健全完善公司选人、用人、育人的管理和约束机制,确保公司的招聘工作不断走向程序化、规范化、制度化,特制订本管理规定。

一、适用范围

本管理规定适用于公司所聘用的安全管理人员、驾驶人员和押运人员。

二、聘用原则

公司招聘工作坚持公开、公平、公正的原则;竞争上岗、双向选择、择优录用的原则;敏感岗位实行回避的原则。

1. 招聘和考评录用

公司招聘领导小组由综合管理部办公室、用人部门、技术安全部及分工会等部门成员组成。

(1)公司综合管理部作为招聘机构,对招聘领导小组的工作进行具体考评。

(2)公司分工会作为监督部门,负责对招聘全过程和程序进行监督。

2. 招聘公告

(1)公司在招聘人员时,需在张贴招聘公告前一天将有关的招聘信息(招聘办法、时间、地点等)通知组成招聘领导小组的各有关部门。

(2)招聘公告须按照公司"四定"要求,明确拟招聘岗位的定编、定员、定薪、定用人标准等。

(3)招聘范围根据实际情况可作调整,用人标准不得带有歧视性或明显倾向性。

(4)参加应聘人员的资格审查和涉及回避制度的审查由招聘组织机构负责,对审查结果加盖公章后,再由招聘单位对外进行张榜公布。

(5)招聘公告的张榜时间不得少于24h。

(6)招聘公告须张贴在醒目的地方,招聘通知由综合管理部制订统一格式和标准。

3. 考评程序

(1)公司所属各部门需要聘用安全管理人员、驾驶人员和押运人员时,须填具申请书,由各主管部门负责人呈请总经理、董事长核准后,交公司综合管理部(人力资源部门)公开招聘。

(2)凡应聘本公司安全管理人员、驾驶人员和押运人员的员工,在招聘前均应填写个人

简历一份、履历表一份。经初选合格后,另行通知考试。

三、招聘考核方式

分笔试和面试两种,根据实际情况也可选择其中一种,但需经招聘监督机构同意。

(1)笔试:时间一般不得少于30min,笔试完后应统一收卷,试卷上不得书写姓名,只写编号(编号一般按报名先后顺序排列),由评委评卷打分后统一汇总。

(2)面试:一般每人不得少于5min,提问内容不得少于5道题,同岗位考试内容时间要求基本一致。

(3)对同一岗位的招聘试题,内容应统一,评委不得无故增加试题内容。

(4)招聘单位对所出题目除阐述题外,应有相对统一的答案,以便评委评判其回答的正确性。

(5)无论是笔试还是面试,一般试题不得低于三套,开考前由评委现场抽取其中一套,招聘单位也可事先采用出复习题的方式公布部分试题。

(6)应聘者应试完毕后,应立即离开现场,若经查实或是向他人泄露考试内容,将由评委讨论酌情扣分。

四、面试考官应注意事项

(1)要尽量使应聘人员感到亲切、自然、轻松。

(2)要了解自己所要获知的答案及问题要点。

(3)了解自己要告诉对方的问题。

(4)要尊重对方的人格。

(5)将口试结果随时记录于口试记录单内。

五、录用办法

(1)考前应由招聘组织部门向应聘人员明确录用办法和录用分数线等事项。

(2)考核时由评委当场打分,分数的现场汇总统计和核对由招聘领导小组担任监督工作的评委负责。

(3)原则上从高分到低分依次决定录用应聘人员,特殊情况下须经招聘领导小组集体研究决定,并签字认可。

(4)统计核对完毕后由各位评委签字认可。

(5)招聘工作结束后,应对试卷汇总等资料进行封存。

(6)录用后应及时向外进行张榜公布,若无特殊原因一般应在当天进行公布。

六、回避规定

(1)应聘人员在填写报名表时,应对照公司关于敏感岗位实行回避的规定,如实填写构

成回避关系的亲属人员名单。

(2)评委及招聘监督机构人员涉及与应聘人员有相关规定关系的,应主动进行回避。

(3)应聘人员在参加招聘时,有权向招聘领导小组提出需要回避的评委,招聘小组应在核实后给予明确答复。

(4)凡应回避而未实行回避的应聘人员,经查实,应取消其考试成绩。

(5)凡应回避而未实行回避的评委,经查实给招聘工作带来不良影响的,应按相关规定对其进行处理。

七、人员任用

公司安全管理人员、驾驶人员和押运人员的任用,均以学识、品德、能力、经验及工作的需要为原则。其中驾驶人员必须提供由交警部门出具的在3年内未发生死亡事故的证明材料,同时必须具备"九种"意识,即大局意识、责任意识、服务意识、纪律意识、节约意识、保密意识、时间意识、细节意识和合作意识等,以及严格落实"五不"制度,即"不开故障车、不出私车、不开霸王车、不违章行车、不让非驾驶人员驾车",确保车辆运行安全无事故。

八、审批录用

参加应聘人员考试成绩优良者,由申请部门主管报经公司领导审批决定录用后,交由综合管理部通知其报到试用。

九、报到手续

经通知报到的试用人员,应先办理以下各项手续:
(1)交验学历及相关工作经历、证件复印件各一份,半身免冠照片3张。
(2)填写员工资料表。
(3)填写服务志愿书一份。
(4)保证书一份。

十、其他

(1)凡经选聘合格的人员,应按通知指定的日期到本公司报到;因故未能按期报到者,须申请延缓报到,否则即以弃权论处。

(2)公司安全管理人员、驾驶人员和押运人员试用期为3个月,根据实际情况可予以调整。

(3)在试用期间内,如有任何一方对试用情况不满,均可随时终止试用,试用期满双方认为满意时,由综合管理部签报总经理,正式通知录用。

本规定由公司综合管理部负责解释,从下文之日起施行。

附录八　××××公司产品车行驶安全规定

为加强和规范产品车驾驶人员的安全行车意识和行为,杜绝超速驾驶及由此导致的各类车辆事故,确保公司的财产安全和驾驶人员的人身安全,按照国家关于危险品运输的相关法律法规及公司的实际状况,特制定本规定。

一、适用范围

本规定适用于所有在中国范围内从事配送业务的全资子公司,以及合资公司车队的产品车辆道路运输。

二、具体规定

1. 关于产品车在道路上行驶速度的规定

产品车在道路上行驶绝对不允许超过限速标志、标线标明的速度,也不能违反道路上就车辆类型、产品类型及重量方面的有关限制规定。

产品车最高速度应比道路限速低10km/h。

在没有限速标志、标线的道路上,或者当限速标志、标线所标明的速度(扣去10km/h)超出公司关于速度规定的时候,车辆不得超过公司关于速度的规定,具体如下。

(1)高速公路(封闭式城市快速道路)行驶速度不能超过80km/h(最低速度不得低于当路段的最低限速标志)。

(2)在一般道路(省道、国道)最高速度为60km/h。

(3)城市道路最高速度为50km/h。

(4)没有道路中心线的道路、城市道路为30km/h,公路为40km/h。

(5)在通过居民区、学校、医院、村庄、集市等人口密集区路段最高时速不得超过30km/h。

(6)在过路口时,有物理盲区的最高速度为30km/h。

(7)在过路口时,视野、路况良好无物理盲区的最高速度为40km/h。

(8)通过隧道的最高时速应比该路段限速标志低10km/h。

(9)车辆行驶中遇有下列情形之一的,最高行驶速度不得超过30km/h。

①遇雾、雨、雪、沙尘、冰雹;

②在冰雪、泥泞的道路上行驶时;

③能见度在50m以内时(最高时速不得超过20km/h并在最近的出口离开道路停放)。

(10)进出高速公路匝道时,有限速标志的应比限速标志低10km/h,没有限速标志的最高时速不得超过15km/h。

(11)进出非机动车道、通过铁路道口、急弯路、窄路、窄桥时,掉头、转弯、下陡坡时,最高行驶速度为15km/h。

(12)在工厂和客户处产品车应按照其限速规定和交通标志行驶,如果无法获得具体的限速信息,最高行驶速度不得超过15km/h。

2. 产品车在道路同方向时的操作

在道路同方向画有2条以上机动车道的,原则上产品车应靠右侧车道行驶,左侧车道为超车道。

3. 车辆超车时的操作

产品车应当与前车保持足以采取紧急制动措施的安全距离(4~6s的跟车距离)。

如产品车要超过前车,可以借用左侧超车道行驶,但在变道前应提前开启转向灯,并看反光镜,确认无其他车辆驶近时再变道,并不得影响相关车道内车辆的正常行驶。

有下列情况之一的,不得超车:

(1)前车正在左转弯、掉头、超车的。

(2)与对面来车有会车可能的。

(3)前车为执行紧急任务的警车、消防车、救护车、工程抢险车的。

(4)行经铁路道口、交叉路口、窄桥、弯桥、弯道、陡坡、隧道、人行横道、交通流量大的路段等没有超车条件的。

如遇其他车辆超车,当后车发出超车信号时,在条件许可的情况下,应降低速度,靠右让行。

4. 车辆通过路口时的操作

(1)在有交通信号灯控制的路口:严格按照交通信号灯指示通行,在画有导向车道的路口,按所需行进方向驶入导向车道;如准备进入环形路口,应让已在路口内的机动车先行;在没有方向指示信号灯的交叉路口,产品车辆应让其他车辆、行人先行。

(2)在没有交通信号灯控制的交叉路口:有交通标志、标线控制的,让优先通行的一方先行;没有交通标志、标线控制的,在进入路口前停车瞭望,让右方道路的来车先行。

5. 车辆行驶中灯光使用规定

(1)刮水器启动的同时,前照灯近光灯必须启用。

(2)进入隧道前必须启用前照灯近光灯。

(3)傍晚、夜间及黎明期间行车必须启用前照灯近光灯。

(4)雨天、雾天、能见度较差的天气必须启用前照灯近光灯,同时打开前后雾灯。

(5)夜间或能见度较差的天气在高速公路上行车,必须同时启用前照灯近光灯和前后雾灯。

三、参考文件

(1)中华人民共和国道路交通安全法。

(2)中华人民共和国道路交通安全法实施条例。

附录九 ××××公司安全事故管理规定

第一章 总则

第一条 为规范公司安全事故的管理,做好事故报告与调查处理,吸取事故教训,有效地预防和减少事故的发生,保障公司生产经营过程中人员和财产安全,根据国家有关法律法规规定,结合公司实际,特制定本管理规定。

第二条 本管理规定中所称事故均指安全事故,适用于生产经营活动中发生的人身伤亡事故、燃烧、爆炸事故、泄漏较大涉险事故,以及道路交通安全事故的报告和调查处理;环保事故、设备事故、生产运行过程中的波动及停车事故、质量事故、交通事故、破坏事故的报告和调查处理方式另文通知。

第三条 事故的报告应及时、准确、完整,任何单位和个人不得迟报、漏报、谎报或瞒报。

第四条 本管理规定适用于公司范围内各二级部门,各部门应依照本管理规定严格履行职责,及时准确地完成事故调查处理工作。

第二章 安全事故的分类

第五条 安全事故可分为以下类型。

(1) 按事故责任性质分类。

① 责任事故:由于人的过失或所在单位管理原因造成的事故。

② 非责任事故:由于人不可抗拒或管理无法预测和控制而发生的非人员不安全行为和管理责任的事故。

(2) 按事故类别进行分类。

① 伤亡事故:在生产经营活动过程中,发生了人员伤亡的事故。

② 燃爆事故:在生产经营活动过程中,因燃烧或爆炸造成损害的事故。

③ 泄漏事故:在生产经营活动过程中,因有毒有害、易燃易爆物质泄漏造成损害的事故。

(3) 根据国务院493号令《生产安全事故报告和调查处理条例》和《生产安全事故信息报告和处置办法》(国家安监总局21号令),事故分为以下等级。

① 特别重大事故:指造成30人以上死亡,或者100人以上重伤(包括急性工业中毒,下同),或者1亿元以上直接经济损失的事故。

② 重大事故:指造成10人以上30人以下死亡,或者50人以上100人以下重伤,或者

5000万元以上1亿元以下直接经济损失的事故。

③较大事故:指造成3人以上10人以下死亡,或者10人以上50人以下重伤,或者1000万元以上5000万元以下直接经济损失的事故。

④一般事故:指造成3人以下死亡,或者10人以下重伤,或者1000万元以下直接经济损失的事故。

⑤较大涉险事故:

a. 指涉险10人以上事故;

b. 造成3人以上被困或者下落不明的事故;

c. 紧急疏散人员500人以上事故;

d. 因生产安全事故对环境造成严重污染(人员密集场所、生活水源、农田、河流、水库、湖泊等)的事故;

e. 危及重要场所和设施安全(电站、重要水利设施、危化品库、油气站和车站、码头、港口、机场及其他人员密集场所等)的事故;

f. 其他较大涉险事故。

(4)根据国务院493号令《生产安全事故报告和调查处理条例》规定,为有利于划分公司的管理权限,××××公司将生产责任事故中的一般事故划分为A、B、C、D级事故。

A级事故:发生3人以下的轻伤事故,或直接经济损失小于1万元的燃爆或泄漏事故。

B级事故:群轻伤(3人以上)或重伤1人的伤害事故,或直接经济损失1万元以上10万元以下的燃爆或泄漏事故。

C级事故:重伤2~10人或死亡1人的伤亡事故,或直接经济损失10万元以上100万元以下的燃爆或泄漏事故。

D级事故:死亡2~3人的伤亡事故,或直接经济损失100万元以上1000万元以下的燃爆或泄漏事故。

注:本管理规定中所指"以上"均包括本数;"以下"均不包括本数。

(5)根据国务院493号令《生产安全事故报告和调查处理条例》规定,为有利于划分管理权限,将××××公司生产责任事故中的A级以下安全事故作如下划分。

A1级事故:发生1~3人的轻伤事故,或直接经济损失5000元至1万元的燃爆或泄漏事故。

A2级事故:未造成人员受伤和恶劣影响,造成0.5~1个工作日损失或直接经济损失5000元以下的燃烧或泄漏事故。

未遂事故:未造成人员伤亡和经济损失,但可能导致事故情况的发生或0.5个以下工作日损失或造成一定范围险情和影响的事件。

注:本管理规定中所指"以上"均包括本数;"以下"均不包括本数。

第三章 事故应急及报告

第六条 事故发生后,公司各部门及相关人员必须按照制定的预案规定实施应急救护。

第七条 内部报告程序。

（1）未遂事故的报告程序由各二级部门内部制定,上报公司技术安全部审核备案后执行。由事故发生部门组织事故调查及处理,在每月25日前以月度事故统计报告形式书面上报公司技术安全部备案存档。

（2）一般事故中的A、B级事故发生后,事故发生部门须立即向公司GPS监控信息平台报告,由GPS监控信息平台值班人员向公司安全主管报告,安全主管根据发生的安全事故特性及时作出判断,启动公司相应事故应急预案,同时向部门经理和公司分管安全负责人报告;必要时由公司分管负责人向公司总经理报告。

（3）一般事故中的C、D级事故、较大事故、重大事故、特别重大事故及较大涉险事故发生后,公司必须在1h内报告集团公司安全环保能源部、集团公司领导;安全环保能源部及集团公司领导接到报告后,应立即上报集团公司董事长和总裁。

（4）一般事故中的C、D级事故、较大事故、重大事故、特别重大事故及较大涉险事故的书面报告必须在事故发生后3日内报送集团公司安全环保能源部。

第八条 外部报告程序。

（1）事故发生后,事故现场有关人员应当立即向公司GPS监控信息平台和部门负责人报告。

（2）公司GPS监控信息平台接到事故报警后,应及时向公司安全主管报告,安全主管根据事故现场情况,及时作出判断,启动相应的事故应急处置预案,须在事故发生后20min内向公司分管安全负责人报告。

（3）公司分管安全负责人接到报告后,及时作出应急处置指令,须在事故发生后40min内向公司行政第一负责人进行报告。

（4）公司行政第一负责人接到报告后,根据事故造成的后果,严格按照国务院493号令《生产安全事故报告和调查处理条例》和《生产安全事故信息报告和处置办法》（国家安监总局21号令）执行,分类分级向集团公司安全环保能源部和集团公司相关领导进行报告,在征得集团公司分管安全负责人批准同意后,由集团公司安全环保能源部在事故发生后1h内向事故发生地的县级、省级、国家的安全生产监督管理部门和负有安全生产监督管理职责的有关部门报告。

第九条 报告事故应包括下列内容:

（1）事故发生单位的名称、地址、性质。

（2）事故发生的时间、地点及事故现场情况。

（3）事故的简要经过。

（4）事故已造成或者可能造成的伤亡人数（包括下落不明、涉险的人数）。

第十条 事故发生后,有关单位应当妥善保护事故现场及相关证据,任何单位和个人不得破坏事故现场、毁灭相关证据。

因抢救人员、防止事故扩大以及疏通交通等原因,需要移动事故现场物件的,应当做出标志,绘制现场简图并做出书面记录,妥善保存现场重要痕迹、物证。

第四章 事故调查

第十一条 未遂事故发生后,由发生事故所在部门组织事故调查及处理,并报公司技术安全部审核备案。

第十二条 一般事故中的A、B级事故发生后,由公司技术安全部组织事故调查及处理,报集团公司安全环保能源部备案。

第十三条 一般事故中无伤亡的C、D级事故发生后,公司技术安全部组织事故调查及处理,报集团公司审批;由集团公司安全环保能源部负责组织审核实、报批并回复。

第十四条 特别重大事故、重大事故、较大事故、一般事故中发生了人员伤亡的C、D级事故及较大涉险事故,由集团公司安全环保能源部协助政府相关部门进行事故调查,公司安全管理人员予以积极配合。

第十五条 事故调查组应按照事故处理"四不放过"原则履行职责,事故调查组及成员职责、权限和能力要求如下。

(1)事故调查组及成员职责:
①查明事故发生的原因、经过、人员伤亡情况及直接经济损失。
②认定事故的性质和事故责任。
③提出事故处理意见。
④提交事故调查报告。
⑤提出事故防范措施。

(2)事故调查组及成员的权限:
①事故调查组有权向有关单位和个人了解事故的相关情况,并要求提供相关文件资料。
②有关单位和个人不得拒绝。
③事故发生单位的负责人和有关人员在事故调查期间不得擅离职守,并应当随时接受事故调查组的询问,如实提供有关情况。

(3)事故调查组及成员应符合下列条件:
①具有事故调查组所需要的某一方面的专长。
②与所发生事故没有直接的利害关系。
③实事求是,认真负责,坚持原则。

第五章 事故处理

第十六条 事故调查分析管理。
(1)未遂事故发生后,由发生事故所在部门根据事故分析结果,明确事故相关人员的责任并进行考核,对事故责任主体和个体实行责任追究并处理,同时加强事故防范措施的落实,并将处理结果上报公司技术安全部审核备案。

（2）一般事故中的A、B级事故发生后，由公司技术安全部根据事故分析结果，明确事故相关部门和人员的责任，拟订事故处理建议报公司分管安全负责人及公司行政第一负责人审批同意后，提交公司总经理办公室实施考核；各责任单位对事故责任主体和个体实行责任追究并处理，同时加强事故防范措施的落实。

（3）一般事故中无伤亡的C、D级事故发生后，公司技术安全部应在现场应急结束后1h内组织事故相关人员、相关专业技术人员召开事故分析会，依据调查事实，明确责任主体，认真总结事故教训，实行责任追究并处理，同时加强事故防范措施的落实。

（4）一般事故中的A、B级事故由公司相关专业管理人员根据事故调查小组提出的调查意见，按"四不放过"原则整理完成事故分析报告，在公司内部进行审批并落实防范措施。

（5）一般事故无伤亡的C、D级事故由公司事故调查组按"四不放过"原则整理完成事故调查报告，报送集团公司安全环保能源部；由安全环保能源部组织核实，完成报批和回复工作。

第十七条 提交事故调查报告内容包括：
（1）事故发生的经过和救援情况。
（2）事故造成的人员伤亡和直接经济损失。
（3）事故发生的原因及性质认定。
（4）事故责任划分及责任者的处理建议。
（5）事故教训及防范措施。

事故调查报告应当附具有关证据材料，事故调查组应当在事故调查报告上签名。

第十八条 事故后续管理。
（1）对事故责任单位和责任人员的处罚、处分按照下列规定实施：
①对事故发生单位及其有关责任人员、事故发生地负有事故责任的单位及其有关责任人员的处罚，由公司技术安全部依照权限和程序组织实施，事故发生单位及相关人员应当予以配合与协助。
②对事故发生单位所在地的其他责任单位及其有关责任人员的处罚，由技术安全部依照权限和程序组织实施，事故发生单位所在地的其他责任单位及其有关责任人员应予以积极配合与协助。
③对负有事故责任的管理人员的行政处分，按照公司管理权限由公司技术安全部拟定处罚建议，上报公司分管安全负责人及公司行政第一负责人审批同意后，提交公司总经理办公室实施考核。

（2）事故统计按照属地管理原则纳入事故发生部门。
（3）事故调查组提出的防范和整改措施，由事故发生单位负责落实。公司技术安全部应当对事故发生单位落实防范和整改措施的执行与落实情况进行监督检查，责任部门务必在规定期限内按照"四不放过"原则，完成对事故防范措施的整改落实。

（4）公司实行事故发生后的安全事故问责制，由责任部门负责人向公司安全领导小组述责（职）。

（5）由集团公司安全环保能源部牵头，建立特别重大事故、重大事故、较大事故、一般事故中的C、D级事故及较大涉险事故处理的回访制，检查督促事故整改措施的执行与落实，公司务必在规定期限内完成对事故防范措施的落实整改。

（6）实行特别重大事故、重大事故、较大事故、一般事故中的C、D级事故及较大涉险事故发生后的安全事故问责制，由公司行政负责人向集团公司分管领导述（责）职。

（7）公司职能部门和事故发生部门对事故原始资料进行收集整理，从安全技术措施入手，制定必要的安全防范措施，并进行事故预测预报，及时消除各类事故隐患。

第六章 事故责任及考核

第十九条 对违反以上规定及事故责任者的处理参照《员工违纪违规处罚条例》第三章第二节"安全生产中的违章行为及事故处罚"规定进行处理。

第二十条 事故发生单位主要负责人有下列行为之一的，罚款2000～5000元，行政处分按照公司相关规定执行：

（1）未履行安全生产管理职责，导致事故发生。

（2）不立即组织事故抢救的。

（3）迟报或者漏报事故的。

（4）在事故调查处理期间擅离职守的。

第二十一条 事故发生单位及其相关负责人有下列行为之一的，对事故发生单位罚款5000～10000元，对相关负责人罚款1000～3000元：

（1）谎报或者瞒报事故的。

（2）伪造或者故意破坏事故现场的。

（3）销毁有关证据、资料的。

（4）拒绝接受调查或者拒绝提供有关情况和资料的。

（5）在事故调查中做伪证或者指使他人做伪证的。

第七章 事故归档

第二十二条 各二级部门向公司技术安全部实行每周"零事故"及安全隐患报告制，以书面形式经部门负责人签字审批加盖部门行政章后报送公司技术安全部备案。逾时未报，视情节轻重对责任部门罚款50～100元。

第二十三条 公司技术安全部向集团公司安全环保能源部实行每月"零事故"报告制（上月26日～本月25日）。

第二十四条 公司技术安全部每月30日前将当月事故统计月报表以书面形式报送集团公司安全环保能源部备案。逾时未报，视情节轻重对公司罚款200～1000元。

第八章 附 则

(1) 未遂事故由各部门参照本管理规定执行。

(2) 本管理规定自发文之日起实施。

附录十 ××××公司安全设施管理制度

一、目的

为加强公司安全设施的管理,确保公司生产运行和人员的安全,特制定本制度。

二、适用范围

本制度适用于××××公司范围内安全设施的管理。

三、术语解释

(1)安全设施:指企业(单位)在生产经营活动中,将危险因素、有害因素控制在安全范围内以及预防、减少、消除危害所配备的装置(设备)和采取的措施。

(2)安全设施的分类:安全设施分为预防事故设施、控制事故设施、减少与消除事故影响设施3类。

四、职责

(1)分管生产的副总经理助理主管公司安全设施的管理工作,负责审定有关安全设施的安全规章制度、管理办法。

(2)采购部门负责组织各相关部门审核安全设施制造单位相应资质工作。

(3)技术安全部负责消防器材等安全装置的计划、配置工作以及消防设施的维护和定期巡检检查记载和消防器材的培训工作。

(4)技术安全部负责全公司生产设施的安全生产管理工作,负责审核全公司的生产设施大修计划(含安全设施检修计划),报设备副总经理审批,列入公司生产经营计划。

(5)技术安全部负责电气设施管理以及联系防雷接地检测工作。

(6)技术安全部负责联系公司检验、测量和试验设施的定期校验。

(7)技术安全部负责公司安全设施监督检查考核工作,定期或不定期组织公司安全设施专项检查,监督安全设施隐患的整改工作,参与重大设备事故的调查工作。

(8)各部门负责本部门安全设施的操作、维护、检修、运行以及定期开展安全设施性能、使用方法和安全注意事项的培训教育,使操作人员了解和正确掌握使用安全设施管理工作;编制部门所属安全设施定期检验、检验计划并提出申请。

五、安全设施的管理

1. 安全设施的建设

(1)新建、改建、扩建工程建设项目中的安全设施应符合国家有关法律、法规和相关技术标准,并与建设项目的主体工程同时设计、同时施工、同时投入生产和使用("三同时")。

(2)生产设施建设中的安全设施变更应严格执行变更管理制度,履行变更程序,并对变更全过程进行风险管理。

(3)积极采用先进的、安全性能可靠的新技术、新工艺、新设备和新材料,组织安全生产技术研究开发,不断改善安全生产条件,努力提高安全生产技术水平。

2. 安全设施的采购

(1)安全设施采购严格按照《××××公司质量管理体系文件》(ISO9001:2000)中CSCX6.3-01《生产设备控制程序》执行。选用功能先进、产品成熟可靠、符合国家标准规范、有生产经营许可的安全器材。采用新技术、新工艺、新设备和新材料时,应进行充分的安全论证,其功能和质量应满足安全要求,实现本质安全。

(2)特种设备的安全附件、安全设施,严格按照国家有关法律、法规采购。

(3)新增、更新安全设施入厂,需进行验收。验收包括外观、出厂资料、安全附件、检测和测量仪表等。

(4)新增、更新设备试车前应进行安全附件、检测和测量仪表的校验,并进行风险分析,同时进行试车验收。

3. 安全设施使用的管理要求

(1)各部门严格执行安全设施配置要求,分类建立安全设施台账。

(2)各种安全设施应有专人负责管理,定期检查和维护。

(3)安全设施应编入设备检修计划,定期检修。严格执行监视和测量设备管理规定,按国家或行业有关法规和标准,对设备安全附件、防雷、静电接地和消除设备、压力表、温度计、液位计等监视和测量设备定期进行校验和维护,监测检验报告应存入档案。

(4)定期开展安全设施性能、使用方法和安全注意事项的培训教育,使操作人员了解和正确掌握使用安全设施。

(5)安全设施不得随意拆除、挪用或弃置不用,因检修拆除的,检修完毕后应立即复原。

(6)根据作业性质、条件、劳动强度和防护器材性能及其防护性质,正确选用防护器材种类和型号,不得超出防护范围进行代用。

(7)岗位配备的过滤式防毒面具,应与使用人员头型相适应。

(8)各种防毒面具使用前、后必须仔细检查。

(9)各种防毒面具应定点存放。

(10)个人使用和保管的防护用具,应登记造册,定期检查。

(11)部门应有防爆手电、防毒面具、隔热手套、胶靴、防火服和安全带等急救器材,以备抢救用。

(12)安全带使用前要仔细检查,用后妥善保管,防止霉烂和强度下降,定期进行强度试验。

(13)绝缘手套、胶靴、绝缘棒、绝缘垫台等常用的电气绝缘工具要指定专人保管。

(14)常用电气绝缘工具按照电气安全工作规程规定定期进行耐压试验。严禁使用不合格的绝缘工具从事电气工作。

(15)各部门定期、不定期检查现场配置的安全防护器材,确保正常使用。

(16)技术安全部每月对各二级部门的安全设施进行抽查。

六、相关/支持文件

(1)《××××公司生产设施管理制度》。
(2)《××××公司临时用电和电气检修作业安全管理制度》。
(3)《××××公司生产设备控制程序》。
(4)《××××公司监视和测量设备管理制度》。

附录十一 ××××公司 GPS 卫星定位监控系统管理办法

为规范公司 GPS 卫星定位监控系统管理,确保其发挥正常监控功能,有效地预防和减少安全事故的发生,结合公司实际情况,特制定本管理办法。

一、GPS 卫星定位监控系统的定义

指能实时记录和传输车辆所在位置、行驶路线、行驶速度等,具有定位、监控、记录、警示、指挥调度、营运管理、信息、网络、通信等综合功能的汽车行驶记录监控管理系统(包括道路运输 GPS 车载终端、各级监控平台相关设备及监控管理软件系统)。

二、适用范围

本管理办法适用于公司各级监控平台、GPS 监控平台专管人员、GPS 监控平台值班人员、调度员和已安装 GPS 车载终端的车辆驾驶人员。

三、GPS 监控管理平台管理权限及分类

(1)省 GPS 监控信息管理中心为一级平台。
(2)市 GPS 监控信息管理中心为二级监控平台。
(3)公司技术安全部 GPS 监控信息平台为三级监控平台。
(4)公司物流调度中心调度管理为四级监控平台。

四、部门及人员工作职责

公司 GPS 监控管理系统软件由宜宾市 GPS 监控信息管理中心提供,须符合《××省道路运输 GPS 管理新系统》要求,并实现平台相联相通,数据实时共享原则。

1.技术安全部工作职责

(1)负责公司 GPS 监控系统的日常管理和监督检查工作,以及和行业主管部门的对外协调工作。

(2)负责落实专人 24h 不间断地对公司 GPS 三级平台实施监控管理。

(3)负责建立健全公司 GPS 监控系统相关管理制度(包括值班管理制度、信息发送制度、监控记录处理制度、车台维护报送制度、应急处理制度和工作人员岗位责任制等规章制度),规范 GPS 监控系统日常管理工作,确保 GPS 监控平台正常运行。

(4)落实专人负责 GPS 监控管理异常情况的分析和处理工作,及时向相关部门及人员

报送重要监控信息;负责每月向行业主管部门(运管部门)和市二级监控管理平台报送上月GPS监控情况分析报告。

(5)负责对公司四级监控平台(物流调度中心)进行业务培训和指导工作。

2. GPS专管人员工作职责

(1)负责公司三级监控信息平台的使用和管理,督促四级监控管理平台实时监控运行车辆,定期统计和分析监控管理情况,并写出分析报告报送公司及市信息管理中心。

(2)健全和完善公司GPS管理制度和相关管理规定,认真执行GPS安全生产各项规章制度、工作职责,建立健全GPS道路运输监控基础台账,做好资料的收集、整理、归档工作。

(3)负责将每月的GPS安全监控处理情况填表汇总上报公司负责人,并进行系统分析;对存在的突出问题召开相应专题会议,制定相应的防范措施,确保问题及时得到处理。

(4)制定各项相应措施,做到科学值班,及时处理GPS监控中所出现的各种违章行为和突发事件。

(5)负责企业GPS监控操作人员的日常管理,对操作情况、值班情况进行经常性的检查督促,并要求操作人员做好相应的记录台账,规范GPS资料档案管理。

(6)负责将公司GPS监控人员名单、联系电话(含手机)及人员变动情况及时报告市二级监控管理平台备案。

3. GPS监控操作员工作职责

(1)负责监控企业的运行情况,发现问题及时处理并向安全负责人汇报。发现重大(严重)安全隐患及时向公司领导汇报。

(2)负责平台使用和正常维护,保证监控平台运作正常。发现重大故障及时排除或与设备安装商联系解决。

(3)坚守工作岗位,严禁擅离职守、脱岗、串岗。做好车辆监控记录和上下班交接记录。

(4)负责不同路段时速限定、车辆保险、GPS报修记录、二级维护从业人员状况等相关基础资料,按时录入工作平台内。严禁将平台使用权交予无关人员操作、查阅和修改。

(5)严守岗位职责和职业道德,不得徇私舞弊、隐瞒不报和弄虚作假。

(6)定期向公司职能部门报送监控资料,严禁不按规定私自篡改各种平台资料。

4. 调度管理员工作职责

(1)熟练并掌握GPS监控系统的相关业务知识和操作技能,对车辆调度管理提供有效的参数和依据。

(2)利用GPS监控平台掌握车辆所在位置,做到科学、合理调度。

(3)针对公司车辆营运区域和行驶路线,制定相应的防范措施,并进行适时监控,确保车辆监控率达100%。

(4)负责每日17:00前将次日车辆调度运行计划上报技术安全部GPS监控信息平台,并且通过信息平台发布调度信息到营运车辆,做到三账统一。

(5)监督掌握公司营运车辆对《调度令》的执行情况,每日向公司提供调度目标完成情况。

(6)充分利用 GPS 其他功能,为公司车辆调度提供技术支撑,提高车辆的运行效率。

5.车辆驾驶人员工作职责

(1)确保车辆 GPS 车载终端设施设备处于完好状态,严禁私自拆卸或改变车载终端结构;车载终端若不能正常工作,应及时向公司 GPS 监控信息平台报告,由 GPS 监控信息平台值班人员协调相关部门维修处理,并做好相应的报告和维护记录台账。

(2)严禁恶意或无故手动报警,扰乱 GPS 监控平台正常工作秩序,行驶中须保持 GPS 车载终端信息通畅。

(3)严格遵守国家法律法规、行业标准及公司相关安全管理制度,对公司 GPS 监控平台提醒或纠正的违章行为须立即改正。

(4)严格遵守且执行公司调度信息或调度指令,按照规定路线行驶,不得无故偏离调度指令规定的路线。

(5)承运物资到达指定位置或目的地后,应及时利用 GPS 车载终端信息回报功能,准确报告车辆到达目的地和装载卸货时间,便于公司调度指挥和核查。

五、信息管理要求

(1)安全提示信息由技术安全部平台值班人员发送;车辆运行线路、区域信息由物流调度中心调度员发送,严禁擅自发送信息。

(2)公司两级监控管理平台在对运行车辆进行监控过程中,发现车辆存在超速或不在线等违规现象时,应及时以电话方式通知违章人员及时改正,并做好相应的记录台账。

(3)监控人员不得使用监控信息平台发送与工作无关的内容,严格控制信息发送数量。

(4)公司 GPS 监控平台上传信息,如有紧急情况,值班人员须及时向值班领导汇报或直接与上级信息平台协调处理。

(5)为保证公司 GPS 信息随时保证畅通状态,如车载 GPS 终端存在故障,车辆驾驶人员应及时向车辆调度和技术安全部门 GPS 监控信息值班人员报修,由技术安全部监控信息平台值班人员协调市 GPS 信息管理中心维修处理。

(6)若明知车辆 GPS 车载终端存在故障而故意安排或从事危货运营,对相关责任人予以 1000 元/次的处罚,情节严重或造成事故的,将严格参照公司相关安全管理规定另行处理;车辆在外执行运输任务过程中,如车载 GPS 监控系统发生故障,车辆驾驶人员须在第一时间上报技术安全部 GPS 监控信息平台值班人员;车辆返回公司在 1 个工作日内必须向技术安全部 GPS 监控信息平台报修,监控信息平台值班人员在接到车辆驾驶人员报修报告 1 个工作日内,及时协调设备维修单位进行处理,否则对相关责任人予以 100 元/次的处罚。

(7)车辆驾驶人员擅自拆卸或人为破坏 GPS 设备的,一经查实,首次对责任人给予 3000~5000 元处罚,并视其情节轻重给予停车学习或相应的行政处罚;若第二次违反,按照公司相关管理规定将车辆驾驶人员列入黑明单管理,取消其在公司范围内从事驾驶营运资质,严重者对车辆驾驶人员给予除名处分。

（8）在车辆营运途中,车辆驾驶人员故意屏蔽 GPS 信号、恶意逃避监控,一经查实,首次给予责任人1000元的经济处罚,第二次对责任人给予1000元的经济处罚并给予除名。

（9）公司 GPS 监控人员未严格遵守管理规定,不履行监控职责,在监控中徇私舞弊、私自更改监控数据,一经查实,首次对责任人给予500元/次经济处罚,第二次对责任人给予1000元的经济处罚,第三次直接对责任人给予除名。

（10）无论何种原因车辆需要停运,驾驶人员必须在车辆停运前至少1个工作日内向公司 GPS 监控信息平台报告,由 GPS 监控信息平台值班人员做好停运记录台账;若驾驶人员未提前上报停运,对责任人给予100元/次经济处罚。

（11）凡违反公司 GPS 相关管理规定,未造成重大经济损失的,对责任人的处理按公司相关管理规定执行;造成重大经济损失或违反国家相关法律法规的,责任人除须承担相应的经济赔偿责任外,移交司法机关另行处理。

六、考核

（1）不同类型车辆行驶速度、行驶路线及区域要求如附表5所示。

不同类型车辆行驶速度、行驶路线及区域要求　　　　　　附表5

车辆类型	路段限速要求(km/h)		车辆在有限速标志区域(路段)要求	备注
	其他路段	高速公路		
自卸货车	≤60	≤80	车辆在有限速标志区域、路段行驶时,除须严格遵守道路限速标志规定的速度外,同时还必须遵守公司相关限速管理规定	（1）单体车在高速公路行驶速度,仅限于空车行驶速度;（2）专用客车在高等级公路行驶速度可按≤70km/h 标准执行;（3）车辆驾驶人员须根据道路交通路面情况,确保行车安全
危货车	≤60	≤80		
单体罐车	≤35	≤80		
空调车	≤60	≤90		

注:其他路段是指除高速公路以外的其他公路。

（2）车辆无故超速报警首次对责任人给予100元/次的经济处罚,第二次对责任人给予200元的经济处罚,超过第三次(含第三次)对责任人给予500元经济处罚,并责令驾驶人员停车整顿1个月;停车整顿期间驾驶人员按最低工资标准发放。

（3）车辆无故不在线1天对责任人给予100元的经济处罚,不在线2天对责任人给予200元的经济处罚,超过3天(含3天)对责任人给予500元经济处罚,并责令驾驶人员停车整顿1个月;停车整顿期间驾驶人员按最低工资标准发放。

（4）GPS 监控平台值班人员未严格执行或违反 GPS 监控管理规定的,将严格参照公司相关管理规定对责任人进行处理。